새롭게 본 창세기

길과 진리

목 차

서 론

지동설에 관한 사연을 아시나요?

16세기 초까지만 해도 가톨릭교회를 중심으로 종교계에서는 우주의 중심은 지구이며, 지구를 중심으로 태양과 달 그리고 모든 행성이 지구의 둘레를 돌고 있다는 천동설(Geocentric Theory)을 믿었습니다. 중세 시대에는 성서를 근거로 천동설을 신성하고 확실한 진리로 받아들였습니다.

하지만 1543년에 천문학자이자 성당참사회원이었던 코페르니쿠스(Nicolaus Copernicus)는 "우주의 중심은 지구가 아니고 태양이며, 지구는 자전하며 태양의 둘레를 돌고 있는 행성 중의 하나이다"라고 주장하였습니다. 이로 인하여 그는 신성 모독이라는 이유로 신부의 지위를 박탈당하고 파문을 당하였고, 이탈리아 철학자 브루노(Giordano Bruno)는 천동설은 잘못되었으며, 지동설(Heliocentric theory)이 옳다고 주장하다가 종교 재판에 넘겨져 화형을 당하였습니다.

이탈리아의 물리학자이며 천문학자였던 갈릴레오 갈릴레이(Galileo Galilei)는 지동설을 주장하다가 종교 재판을 받게 되었습니다. 소신대로 지동설이 옳다고 주장한다면 이단으로 몰려 화형을 당할 것입니다. 그는 과학자로서 소신을 굽히고, 천동설을 인정하고 죽음을 면하였습니다. 그러나 종교 재판이 끝나고 법정에서 나오면서 이렇게 중얼거렸습니다는 이야기가 전해옵니다.
"그래도 지금도 지구는 돌고 있다."
현대에 와서 지구를 중심으로 태양이 돌고 있다고 믿는 사람은 없습니다.

목회를 하다 보면 성도들에게서 자주 듣는 질문이 있습니다.

질의 하나:
고고학자들과 인류학자들의 주장에 따르면 인류의 역사를 수만 년의 기간이라고 말하며, 심지어는 수억 년의 기간으로 보는 학자들도 있습니다. 실제로 동아시아의 구석기 유적지인 중국의 산시성 예현에 위치하고 있는 전기 구석기 시대의 유적지에서 지금으로부터 약 180만 년 전의 것으로 추정되는 인류의 화석이 출토된 바 있으며, 이는 지금까지 알려진 인류 문화 유적지 중 가장 이른 시기의 것이라고 말합니다.

최근에는 2021년 10월 27일, 신화통신에 따르면 중국 허난성 문물고고학연구원은 허난성 핑딩산시 루산현 셴런둥 유적에서 3만 2000년 전 인류의 두개골 화석이 발견되었다고 밝혔습니다. 그런데 기독교에서 주장하는 바, 성경에 근거하여 아담을 인류의 시조로 간주한다면 '인류의 역사는 겨우 6,000여 년이다'라는 것이 보편적인 주장입니다.

그렇다면 왜 이런 차이가 나는 것일까요? 무엇이 잘못되었을까요? 아담을 인류의 시조로 보는 것이 타당할까요?

질의 하나:

창세기 4장 14절에는 "주께서 오늘 이 지면에서 나를 쫓아내시온즉 내가 주의 낯을 뵈옵지 못하리니 내가 땅에서 피하며 유리하는 자가 될지라 무릇 나를 만나는 자마다 나를 죽이겠나이다"라고 하나님을 향한 가인의 호소가 기록되어 있는데 여기서 가인이 두려워하는 사람들은 누구를 말하는 것일까요?

아담이 인류의 시조라면 아담의 자녀는 가인과 아벨이요, 아벨을 죽인 후에 가인이 하나님 앞에서 쫓겨나며 하는 호소에서 가인이 쫓겨난 후에 만나는 사람들은 누구를 말하느냐는 질문입니다. 이들이 아담의 후손은 아닐 것입니다. 그렇다면 그들은 누구를 말하는 것일까요?

질의 하나:

창세기 6장 2절에는 "하나님의 아들들이 사람의 딸들의 아름다움을 보고 자기들이 좋아하는 모든 여자를 아내로 삼는지라"라고 기록하고 있는데, 그렇다면 여기서 말하는 하나님의 아들들은 누구를 말하며, 사람의 딸들은 누구를 가리키는 것일까요?

질의 하나:

누가복음 4장 5절과 6절에서 "마귀가 또 예수를 이끌고 올라가서 순식간에 천하 만국을 보이며 이르되 이 모든 권위와 그 영광을 내가 네게 주리라 이것은 내게 넘겨 준 것이므로 내가 원하는 자에게 주노라"라고 기록하고 있습니다.

이 말씀은 예수님을 시험하던 마귀가 한 말로서 천하만국의 모든 권위와 영광은 자신이 넘겨받은 것이라고 말하였는데 언제 넘겨받았다는 말일까요? 천지와 만물을 창조하신 하나님은 과연 언제 마귀에게 천하만국의 모든 권위와 영광을 마귀에게 넘기셨다는 말일까요?

위의 질문들에 대하여 합당한 대답을 하지 못한다면 과연 우리의 믿음은 어디에 근거한 것일까요? 우리는 이에 대하여 납득할 만한 답을 해야 합니다. 그것도 하나님의 말씀인 성경에 근거해서 말입니다. 하나님의 말씀이니 덮어놓고 그냥 믿기만 하라고 외쳐서는 안 됩니다. 우물쭈물 말하며 넘기거나 적당한 핑계로 대답을 회피해서도 안 됩니다. 이해가 되지 않을 때는 성령님께서 깨닫게 하실 때까지 덮어두라고 말하며 그냥 넘어가서도 안 될 것입니다.

오래된 가르침이나 고정 관념, 전통, 기독교적 교훈에서 믿어 온 자신의 틀을 깨는 것은 누구나 쉬운 일이 아닙니다.

벼룩 실험에 관한 이야기가 있습니다.

벼룩의 뜀뛰기는 참으로 놀랍습니다. 그 자그마한 벼룩이 무려 60cm 이상의 높이를 뛰어오를 수 있다고 하니 참으로 놀라운 능력입니다. 이러한 벼룩을 30cm 정도 높이의 유리병에 넣고 뚜껑을 닫으면 처음에는 이리 뛰고 저리 뛰고 하지만 번번이 뚜껑에 머리를 부딪쳐 탈출에 실패합니다. 얼마 후에 뚜껑을 치우면 벼룩은 뛰기는 뛰는데 이제는 뛰는 높이가 30cm가 못 미치게 뛰는 것입니다. 벼룩은 지레 생각합니다. "내가 30cm 이상 뛰면 머리가 천장에 닿을 거야"라고 말입니다.

저는 생각해 보았습니다.

'아담은 인류의 시조이다'라고 하는 오래 지속되어 온 기독교의 전통적인 가르침에서 벗어나지 못하였기에 이런 의문에 합당한 해답을 내놓지 못하는 것이 아닐까 하고 말입니다.

책을 펴기 전에 먼저 분명히 하고자 하는 것이 있습니다.
아담은 인류의 조상이 아닙니다.
아담은 하나님의 영을 받아 하나님의 자녀가 된 자들의 조상입니다.

이제 이 책을 통하여 어리석으나마 감히 저의 소견을 밝혀 보고자 합니다. 이 책을 읽어가는 동안 앞서 제시한 질문들에 대한 해답을 스스로 얻으리라 생각합니다.

어려운 주제를 다루다 보니 중복되는 문장이나 문구가 많이 있을 것입니다. 기독교계에서 오랜 세월 금기시되어 온 예민한 주제를 다루다 보니 저자가 의도적으로 여러 번 같은 문장을 사용하였음을 밝힙니다. 강조하고자 하는 의도가 있으며 독자 여러분이 깊이 생각하였으면 하는 저자의 바람도 담았습니다. 때로는 중요한 부분이라 생각하여 거듭 설명하는 부분도 있습니다. 독자들의 넓은 이해와 아량을 부탁드립니다.

아무쪼록 독자들의 신앙에 조금이나마 보탬이 되었으면 합니다.

신내동에서

목사 김세광

하나님은 세상을 왜 창조하시었을까?

어떠한 행위든지 그러한 행위 뒤에는
반드시 이유와 목적이 있기 마련입니다.

그러하기에 하나님의 천지 만물을 창조하심과
사람을 하나님의 형상과 모양을 따라 창조하심에도
분명한 이유와 목적이 있습니다.
여기서 이유와 목적을 밝히고자 하는 것은 이로인하여

우리 인생이 무엇을 행하여야
할 바를 깨닫게 되기 때문입니다.

제 1 장
하나님은 세상을 왜 창조하셨나요?

"세상과 세상의 모든 만물과 사람을 하나님은 왜 창조하셨을까요?"

이 질문은 조금은 주제넘은 물음같이 들릴 것입니다. 이에 대하여 창조의 이유와 목적을 밝히려는 노력 자체가 무모한 일일지 모르겠습니다. 어느 누가 하나님의 크고 넓고 위대하고 광대한 뜻과 섭리를 다 알고 깨닫겠습니까? 다만 여기서 말하고자 하는 것은 주어진 하나님의 말씀인 성경을 근거로 몇 가지를 유추하여 하나님의 창조목적을 살펴보고자 합니다.

너희는 이 세대를 본받지 말고 오직 마음을 새롭게 함으로
변화를 받아 **하나님의 선하시고 기뻐하시고**
온전하신 뜻이 무엇인지 분별하도록 하라.

(롬 12:2)

너희가 아직도 깨닫지 못하느냐
떡 다섯 개로 오천 명을 먹이고 주운 것이 몇 바구니며
떡 일곱 개로 사천 명을 먹이고 주운 것이 몇 광주리이던 것을
기억하지 못하느냐

(마 16:9-10)

위에 인용한 로마서 12장 2절의 말씀을 살펴보면 하나님의 선하시고 기뻐하시고 온전하신 뜻이 무엇인지를 분별하는 일은 우리에게 주어진 명령이며, 사명과도 같습니다. 마태복음 16장에서 예수님께서 제자들에게 "너희가 아직도 깨닫지 못하느냐?"라고 하신 말씀은 오병이어의 이적을 행하신 주님의 참뜻을 알지 못하는 제자들을 향하여 하신 말씀입니다. 오병이어(五餠二魚)의 이적을 통하여 예수님은 당신이 바로 "세상에 임한 생명의 떡"임을 보여 주신 것입니다. 그러나 예수님의 행하심과 이적을 보고도 이적을 행하신 참뜻을 알지 못하고 깨닫지 못하는 제자들을 안타깝게 여기시며 하신 말씀입니다. 또한 성경의 여러 곳에서 주의 말씀을 듣고도 참 의미를 알지 못하는 제자들을 향하여 "너희가 아직도 깨닫지 못하느냐?"라고 책망하시기도 하셨습니다.

또 이르시되 내가 너희와 함께 있을 때에 너희에게 말한 바
곧 모세의 율법과 선지자의 글과 시편에 나를 가리켜
기록된 모든 것이 이루어져야 하리라
한 말이 이것이라 하시고
이에 그들의 **마음을 열어 성경을 깨닫게 하시고**

(눅 24:44-45)

이르시되

하나님 나라의 비밀을 아는 것이 너희에게는 허락되었으나
다른 사람에게는 비유로 하나니
이는 그들로 보아도 보지 못하고 들어도
깨닫지 못하게 하려 함이라

(눅 8:10)

위에 기록된 성경 말씀을 보면 예수님은 우리가 하나님의 나라의
비밀을 깨닫고, 모세의 율법과 선지자의 글과 시편에 기록된 모든
말씀들을 깨달아 알기를 원하셨습니다. 그러므로 예수님은 우리들
의 마음을 열어 성경을 깨닫게 하시는 것입니다. 이를 위하여 성령
도 우리 안에 내주하시어 깨닫게 하시는 것입니다. 우리가 어리석어
어찌할 바를 알지 못할 때에는 말할 수 없는 탄식으로 우리를 위하
여 기도해 주시기까지 하신다고 하였습니다.

에스라가 여호와의 율법을 **연구**하여 준행하며 율례와 규례를

이스라엘에게 가르치기로 결심하였었더라

(스 7:10)

너희는 여호와의 책에서 **찾아** 읽어보라
이것들 가운데서 빠진 것이 하나도 없고
제 짝이 없는 것이 없으리니
이는 여호와의 입이 이를 명령하셨고
그의 영이 이것들을 모으셨음이라

(사 34:16)

위에 언급한 두 구절 에스라 7장 10절과 이사야 34장 16절의 말씀에서 '연구하여'라는 단어와 '찾아'라는 단어는 히브리어 원어로 '다라쉬'라는 같은 단어가 사용되고 있습니다. '다라쉬'는 '찾다', '문의하다', '진단하다', '질문하다', '요구하다', '종종 방문하다'라는 뜻을 지니고 있습니다.

그러므로 우리는 부지런히 하나님의 말씀인 성경을 찾아보고, 읽고, 연구하여 자세히 살펴보면서 명령하신 의도가 무엇인지를 하나님께 기도로 묻고, 그 말씀의 뜻과 의미와 의도하시는 바 목적이 무엇인지를 깨닫게 하여 달라고 성령의 도우심을 구해야 합니다. 나아가 생명의 말씀인 성경 속에서 말씀이 말씀을 해석하며, 설명하는 부분들을 부지런히 찾아서 여호와 하나님이 명령하신 것과 성령께서 이를 모으신 이유를 깨달아 그 뜻을 밝히며, 그 말씀을 통하여 의도하시는 하나님의 뜻과 섭리와 계획을 알기 위하여 힘써야 하겠습니다.

완전하게 창조된 세상

창세기 1장에서 하나님은 천지와 만물을 6일 동안에 말씀으로 창조하셨습니다. 하나님의 말씀인 성경은 하나님께서 천지와 만물을 창조하실 때 반복적으로 하신 말씀이 "하나님이 가라사대 …… 그대로 되니라"라고 기록하고 있습니다. 이는 하나님의 말씀은 모든 능력의 원천이요, 누구도 감히 거역할 수 없는 하나님의 권위와 창조의 능력을 나타내고 있습니다.

> 대저 하나님의 모든 말씀은 능하지 못하심이 없느니라
>
> (눅 1:37)

하나님은 말씀으로 천지와 만물을 창조하셨을 뿐만이 아니라 또한 말씀으로 만드신 모든 천지와 만물을 붙드시며(히 1:3), 지배하고 다스리고 계십니다. 창조주 하나님은 모든 생명체를 종류대로 창조하시되 처음부터 완벽하고 성숙한 상태로 가장 복되고 아름답게 창조하셨으며, 하나님은 창조하셨을 뿐만이 아니라 창조하신 모든 생명을 보살피고 계시는 것입니다.

하나님이 이르시되 내가 온 지면의 씨 맺는 모든 채소와

씨 가진 열매 맺는 모든 나무를 너희에게 주노니

너희의 먹을거리가 되리라

또 땅의 모든 짐승과 하늘의 모든 새와 생명이 있어

땅에 기는 모든 것에게는

내가 모든 푸른 풀을 먹을거리로 주노라 하시니 그대로 되니라

(창 1:29-30)

하나님이 말씀으로 창조하신 세상은 완벽하게 창조하신 세상이며, 더하거나 보탤 것이 전혀 없는 조화롭고, 평화로운 세상으로 창조하셨습니다. 아름다운 꽃과 들의 식물들, 공중의 새들과 바다의 수많은 어족과 각종 짐승 그리고 심지어 하나님의 모양과 형상을 따라 지음을 받은 사람에 이르기까지 어떤 부차적인 설명이나 해설이 전혀 필요 없는 온전함 그 자체였습니다.

하나님은 사람을 하나님의 형상과 모양을 따라 지으시었고, 자유의지를 가진 하나의 인격체로 창조하셨습니다. 하나님을 창조하신 모든 만물을 다스리며 정복하는 권리를 사람에게 부여하셨습니다. 오늘날과 같이 문화가 발전하고 문명이 깨어난 생활은 아니어도, 짐승과 같은 삶은 아닙니다. 하나님의 형상과 모양을 따라 지음 받은 사람을 짐승과 같은 상태라고 비하하지 말아야 합니다. 현대 문명이 극도로 발전한 오늘날까지도 세상 오지에 살고 있는 사람들이 있습니다. 그렇

다고 해서 그들의 삶을 짐승의 삶과 같은 위치로 생각해서는 안 되는 것처럼 말입니다.

창조의 목적

창세기 1장에서 하나님은 천지와 만물을 창조하셨으며, 사람을 창조하시되 남자와 여자를 당신의 형상과 모양을 따라 창조하셨습니다. 나아가 이들의 먹거리까지 준비하여 주셨습니다. 그리고 이들에게 복을 주시며 생육하고 번성하여 땅에 충만하라, 땅을 정복하라, 아울러 바다의 물고기와 하늘의 새와 땅에 움직이는 모든 생물을 다스리라 하셨습니다.

그렇다면 하나님은 왜 무엇을 위하여 세상의 만물을 창조하셨으며, 사람을 창조하시되 당신의 형상과 모양을 따라 창조하셨을까요?

창조의 목적은 무엇일까요?
첫째 : 하나님의 기쁨입니다.

하나님께서 천지와 만물을 창조하시고 사람을 창조하신 목적은 창조를 통한 기쁨을 얻는 것이었습니다. 하나님은 창조하신 모든 만물, 즉 빛과 어두움, 하늘과 땅, 낮과 밤, 하늘의 별, 땅과 바다 그리고 공중에 나는 새와 바다의 어족과 산과 들에 뛰노는 들짐승과 그리고 그 무엇보다도 당신의 형상과 모양을 따라 지으신 인생들로부터 기쁨을 얻기를 원하셨습니다.

하나님이 창조하신 세상은 "하나님이 보시기에 좋았더라"고 하셨습니다. 여기서 '좋았더라'라고 하는 말은 당신께서 친히 창조하신 세상을 보고 기쁨을 얻으셨다는 말입니다. 만드신 세상의 만물을 바라보시며 만족하게 여기시며, 즐거워하며 희락을 취하셨다는 말입니다.

'좋았더라'라고 하는 히브리어 "토브"라는 단어는 '좋은', '아름다운', '복된', '선한', '옳은', '가장 좋은'이란 뜻입니다. 그러므로 이 단어는 모든 의미에 있어서 '선하고 아름답고 복되고 가장 좋은 것'이란 뜻을 나타냅니다.

하나님이 창조하신 세상은 하나님 보시기에 선하고 아름답고, 복된 곳이었으며, 이로 인하여 하나님은 만족하시고, 기뻐하시고, 즐거워하셨습니다.

기쁨과 즐거움은 하나님 나라의 특징

기쁨과 즐거움, 이것은 하나님께서 당신의 백성들에게 요구하는 것이며, 하나님은 그런 그들 가운데 거하십니다.

하나님의 나라는 먹는 것과 마시는 것이 아니요

19

오직 성령 안에 있는 의와 평강과 희락이라

사도 바울은 그의 서신서에서 이르기를 '항상 기뻐하라. 이것은 너희를 향하신 하나님의 뜻이니라'하였거니와 예수님은 제자들을 향하여 다음과 같이 말씀하셨습니다.

아버지께서 나를 사랑하신 것 같이
나도 너희를 사랑하였으니 나의 사랑 안에 거하라
내가 아버지의 계명을 지켜 그의 사랑 안에 거하는 것 같이
너희도 내 계명을 지키면 내 사랑 안에 거하리라
내가 이것을 너희에게 이름은 **내 기쁨이 너희 안에 있어**
너희 기쁨을 충만하게 하려 함이라

(요한복음 15:9-11)

예수님 안에는 항상 기쁨이 충만하였고, 예수님은 그의 충만한 기쁨이 우리에게도 있기를 원하셨습니다.

예수님의 지상 사역 중에 가나의 혼인 잔치에서 가장 먼저 기적을 행하셨다는 것은 우리에게 시사하는 바가 큽니다. 혼인 잔치는 동서고금, 어느 민족을 보아도 "기쁨과 즐거움"이 넘치는 곳입니다. 혼인하는 본인과 가족은 물론 마을의 공동체 전체가 하나 같이 어우

20

러져 즐기는 때입니다. 그렇기에 구원을 얻은 성도와 재림하실 예수님과의 만남의 자리를 예수님은 '혼인 잔치'에 비유하고 있음을 보게 됩니다.

시편 기자는 이렇게 증언합니다.

주께서 생명의 길을 내게 보이시리니
주의 앞에는 충만한 기쁨이 있고
주의 오른쪽에는 영원한 즐거움이 있나이다

(시 16:11)

살아 계시는 하나님께서 우리에게 생명의 길을 보이시는 이유가 바로 여기에 있습니다. 하나님 안에 내재하여 있는 충만한 기쁨이 우리에게도 충만하게 하시기 위함이었습니다.

전도서에서 지혜의 왕 솔로몬은 다음과 같이 말하였습니다.

사람이 하나님께서 그에게 주신 바 그 일평생에 먹고 마시며
해 아래에서 하는 모든 수고 중에서 낙을 보는 것이 선하고
아름다움을 내가 보았나니 그것이 그의 몫이로다
또한 어떤 사람에게든지 하나님이 재물과 부요를 그에게 주사
능히 누리게 하시며 제 몫을 받아 수고함으로

즐거워하게 하신 것은 하나님의 선물이라

그는 자기의 생명의 날을 깊이 생각하지 아니하리니

이는 **하나님이 그의 마음에 기뻐하는 것으로 응답하심**이니라

(전 5:18-20)

위의 말씀 중 20절에 "이는 **하나님이 그의 마음에 기뻐하는 것으로 응답하심**이니라"라고 하는 이 부분을 개정표준역(RSV)에서는 "이는 **하나님이 저의 마음에 기쁨이 넘치게 하심**이니라(because God keeps him occupied with joy in his heart.)"라고 번역하고 있습니다.

이로 보건대 하나님께서는 인생이 이 세상에서 사는 동안 행하는 모든 일에서 낙을 누리며, 즐거워하며, 마음에 기쁨이 넘치는 삶을 살기를 원하시는 것이 확실합니다. 심지어 우리가 주께 무엇인가를 구하였을 때, 우리가 구하는 것에 대한 응답의 이유마저도 기쁨을 위한 것임을 분명하게 말씀하셨습니다.

지금까지는 너희가 내 이름으로 아무 것도 구하지 아니하였으나

구하라 그리하면 받으리니 **너희 기쁨이 충만하리라**

(요 16:24)

시편 기자인 다윗은 이렇게 구하고 있습니다.

내가 주의 택하신 자가 형통함을 보고

주의 나라의 기쁨을 나누어 가지게 하사

주의 유산을 자랑하게 하소서

(시 106:5)

여기서 다윗이 주께 요구하는 유산은 '주의 나라의 기쁨'이었습니다. 세상의 부귀와 영화가 아니었습니다. 세상의 자랑거리도 아니었습니다. 세상 사람들에게 존경을 받고 추앙을 받는 삶도 아닙니다. 심지어는 건강과 장수의 삶도 아니었습니다. 다윗이 원한 유산은 '주의 나라의 기쁨'이었습니다.

다윗에게 주어질 몫으로서의 유산이었던 '주의 나라의 기쁨'은 무엇이었을까요? 주께서 허락하시는 유산으로서의 다윗이 참으로 자랑스럽게 여기는 '주의 나라의 기쁨'은 무엇일까요?

하나님께 모든 영광을 돌리는 것,

주의 택한 백성들의 형통함을 보고 함께 기뻐하는 것,

영혼이 구원받는 것을 보며 기뻐하는 것,

선을 행하는 것과 의를 이루는 것,

소망 중에 즐거워하는 것,

그리고 항상 기뻐하며, 범사에 감사하며, 쉬지 않고 기도하는 것이었을 것입니다.

하박국의 고백처럼, 우리의 기쁨이 다음의 말씀과 같다면 더할 나위 없을 것입니다.

비록 무화과나무가 무성하지 못하며 포도나무에 열매가 없으며
감람나무에 소출이 없으며 밭에 먹을 것이 없으며
우리에 양이 없으며 외양간에 소가 없을지라도
나는 여호와로 말미암아 즐거워하며
나의 구원의 하나님으로 말미암아 기뻐하리로다

(합 3:17-18)

우리가 분명히 알아야 할 것은 하나님께서 우리에게 하신 모든 율례와 법도와 계명들과 심지어는 명령들, 즉 하나님의 모든 말씀은 궁극적으로 우리의 기쁨을 위해서라는 사실을 명심하여야 합니다.

내가 아버지의 계명을 지켜 그의 사랑 안에 거하는 것 같이
너희도 **내 계명을 지키면** 내 사랑 안에 거하리라
내가 이것을 너희에게 이름은 내 기쁨이 너희 안에 있어
너희 기쁨을 충만하게 하려 함이라

(요 15:10-11)

창조의 목적은 무엇일까요?
둘째 : 아름다운 교제를 위한 것입니다.

하나님께서 사람을 창조하시되 하나님의 형상과 모양을 따라 창조하신 이유가 무엇일까요? 그것은 하나님께서 창조하신 인생과의 아름다운 교제를 바라신 것이며 진정한 교제는 마음을 열고 대화하는 것으로 이루어집니다.

> 태초에 말씀이 계시니라
> 이 말씀이 하나님과 함께 계셨으니
> 이 말씀은 곧 하나님이시니라
>
> (요 1:1)

> 말씀이 육신이 되어 우리 가운데 거하시매
> 우리가 그의 영광을 보니 아버지의 독생자의 영광이요
> 은혜와 진리가 충만하더라
>
> (요 1:14)

> 말하는 이는 너희가 아니라
> 너희 속에서 말씀하시는 이
> 곧 너희 아버지의 성령이시니라
>
> (마 10:20)

"이 말씀은 곧 하나님이시니라" 하셨습니다.
그러므로 하나님은 말씀하시는 분이시며, 말씀을 들으시는 분이

시며, 말씀을 통하여 당신의 뜻을 전하시는 분이십니다. 대화하기를 즐기시는 분이십니다. 또한 성자 예수님은 말씀이 육신을 입고 이 땅에 임하신 분이시며, 성령 하나님은 우리 안에 거하시며 우리가 하나님의 역사하심에 관하여 고백하게 하시는 분이십니다.

 하나님은 아브라함을 갈대아 우르에서 불러내어 '믿음의 조상'으로 삼으셨으며, 아브라함을 '벗'이라 칭하며 친근감을 더하셨습니다. 벗이라 하심은 하나님과 아브라함과의 아름다운 교제를 전제로 하는 말입니다. 여기에는 둘 사이에 속 깊은 대화가 있다는 말입니다. 마음에서 마음으로 오가는 대화가 있다는 말입니다. 하나님의 말씀인 성경을 통하여 우리는 끊임없는 교제와 대화를 위하여 부르시는 하나님의 음성을 얼마든지 들을 수 있습니다.

 이사야 선지자의 입을 빌어 대화의 자리로 부르시는 하나님의 음성을 들으시기를 바랍니다.

> 너는 나에게 기억이 나게 하라 우리가 함께 변론하자
> 너는 말하여 네가 의로움을 나타내라
>
> (사 43:26)

이 말씀을 공동번역에서는 다음과 같이 번역하여 기록하고 있습니다.

26

네 속을 내 앞에 털어놓아라. 함께 시비를 가려보자.
너로서 억울한 점이 있거든 해명해 보아라.

서로 변론하자는 말은 "오라! 와서 나와 시시비비를 가리자"라는 말씀입니다. 이것은 시시비비를 따지며 말로 싸우자는 의미가 아니고, 마음을 열고 대화하자는 것입니다. 하나님은 우리 인생과 대화하기를 기뻐하십니다. 심지어는 우리들의 말도 안 되는 억울함을 호소하는 소리에도 귀를 기울이시는 하나님이십니다. 하나님은 우리에게서 멀리 떠나 계시는 분이 아닙니다. 아주 가까이 계시며, 사람과 사람 간의 대화에도 귀를 기울이고 계시는 분이십니다.

신명기 5장에는 모세를 통하여 이스라엘 백성에게 십계명을 하달하시는 말씀이 기록되어 있습니다. 그런데 그때에 이스라엘 지파의 수령과 장로들이 지도자 모세에게 나아와 다음과 같이 말합니다.

우리 하나님 여호와께서 그의 영광과 위엄을 우리에게 보이시매
불 가운데에서 나오는 음성을 우리가 들었고
하나님이 사람과 말씀하시되
그 사람이 생존하는 것을 오늘 우리가 보았나이다
이제 우리가 죽을 까닭이 무엇이니이까
이 큰 불이 우리를 삼킬 것이요
만일 우리가 우리 하나님 여호와의 음성을 다시 들으면

죽을 것이라 육신을 가진 자로서

우리처럼 살아 계시는 하나님의 음성이

불 가운데에서 발함을 듣고 생존한 자가 누구니이까

당신은 가까이 나아가서 우리 하나님 여호와께서

하시는 말씀을 다 듣고 우리 하나님 여호와께서 당신에게

이르시는 것을 다 우리에게 전하소서

우리가 듣고 행하겠나이다

(신 5:24-27)

이스라엘 지파의 수령과 장로들이 모세에게 나아와서 하는 말을 들
으신 하나님은 모세에게 다음과 같이 말씀하셨습니다.

이 백성이 네게 말하는 그 말소리를 내가 들은즉

그 말이 다 옳도다 다만 그들이 항상 이같은 마음을 품어

나를 경외하며 내 모든 명령을 지켜서

그들과 그 자손이 영원히 복 받기를 원하노라

가서 그들에게 각기 장막으로 돌아가라 이르고

너는 여기 내 곁에 서 있으라 내가 모든 명령과

규례와 법도를 네게 이르리니

너는 그것을 그들에게 가르쳐서 내가 그들에게

기업으로 주는 땅에서 그들에게 이것을 행하게 하라

(신 5:28-31)

이에 모세는 그들에게 이같이 말을 전하고 권합니다.

> 그런즉 너희 하나님 여호와께서 너희에게 명령하신 대로
> 너희는 삼가 행하여 좌로나 우로나 치우치지 말고
> 너희 하나님 여호와께서 너희에게 명령하신 모든 도를 행하라
> 그리하면 너희가 살 것이요 복이 너희에게 있을 것이며
> 너희가 차지한 땅에서 너희의 날이 길리라
>
> (신 5:32-33)

서로 간의 대화를 즐기시는 하나님은 우리가 우리 자신의 문제를 가지고 나와 말씀드리는 것을 매우 기뻐하십니다. 그러므로 주저하지 말고, 염려하지 말고, 주님께 나와 말씀드리십시오. 그렇게 하면 좋으신 하나님은 가장 좋은 길을 우리에게 보이시며, 복된 말씀을 허락하시며, 진리로 가르치시며, 생명의 길로 인도하실 것입니다.

함께 하시는 예수님

예수님은 이 땅에 오셔서 제자들을 택하여 부르시고 이어서 그들과 함께하셨습니다.

> 이에 열둘을 세우셨으니 이는 자기와 함께 있게 하시고...
>
> (막 3:14)

예수님께서 제자들을 택하여 부르신 첫째 이유는 자신과 함께 있게 하시려는 것입니다. 여기서 함께한다는 것은 교제의 대화를 가진다는 말입니다. 함께한다는 것은 대화를 통하여 원만한 관계, 올바른 관계를 유지하는 것입니다. 성경이 말하는 복은 물질의 부요함보다는 관계성의 회복을 말하는 것입니다. 관계성의 회복이란 하나님의 말씀에 순종하여 하나님과 원만하고 친근한 관계를 유지하는 것을 말하며, 이것이 인생에 복이요, 영생입니다.

구원은 대화를 통한 하나님과의 원만한 관계 회복이다.
하나님과의 대화의 단절, 이것은 저주입니다.

하나님을 알되 하나님을 영화롭게도 아니하며
감사하지도 아니하고
오히려 그 생각이 허망하여지며 미련한 마음이 어두워졌나니
스스로 지혜 있다 하나 어리석게 되어 썩어지지 아니하는
하나님의 영광을 썩어질 사람과 새와 짐승과
기어다니는 동물 모양의 우상으로 바꾸었느니라
그러므로 하나님께서 **그들을 마음의 정욕대로 더러움에
내버려 두사** 그들의 몸을 서로 욕되게 하셨으니
이는 그들이 하나님의 진리를 거짓 것으로
바꾸어 피조물을 조물주보다 더 경배하고 섬김이라
......

30

또한 그들이 마음에 하나님 두기를 싫어하매

하나님께서 **그들을 그 상실한 마음대로 내버려 두사**

합당하지 못한 일을 하게 하셨으니

곧 모든 불의, 추악, 탐욕, 악의가 가득한 자요

시기, 살인, 분쟁, 사기, 악독이 가득한 자요 수군수군하는 자요

비방하는 자요 하나님께서 미워하시는 자요

능욕하는 자요 교만한 자요

자랑하는 자요 악을 도모하는 자요 부모를 거역하는 자요

우매한 자요 배약하는 자요 무정한 자요 무자비한 자라

(롬 1:21-25, 28-31)

"내어버려 두사"라는 말은 관여하지 않겠다는 뜻입니다. 말을 섞지 않겠다는 말이요, 대화를 이어가지 않고 끊겠다는 말입니다. 그들과 상종하지 않겠다는 말입니다. 하나님과의 단절, 이것이 사람에게 있어서 바로 저주의 삶입니다.

그러나 이러한 인생들에까지 하나님은 구원의 손길을 내미십니다. 돌아오라! 우리 서로 대화로 풀자고 하십니다.

여호와께서 말씀하시되 오라 우리가 서로 변론하자

너희의 죄가 주홍 같을지라도

눈과 같이 희어질 것이요

진홍 같이 붉을지라도 **양털 같이** 희게 되리라

(사 1:18)

와서 서로 변론하자는 것은 대화로 맺힌 매듭을 풀자는 제안이며,
대화하자는 것은 관계성을 회복하자는 것이요, 서로 간에 화목의
길을 열자는 것입니다.
 다음 글은 요한계시록에 기록된 글로서 라오디게아 교회의 성도들
에게 띄운 서신의 내용입니다.

내가 네 행위를 아노니 네가 차지도 아니하고
뜨겁지도 아니하도다
네가 차든지 뜨겁든지 하기를 원하노라
네가 이같이 미지근하여 뜨겁지도 아니하고 차지도 아니하니
내 입에서 너를 토하여 버리리라
네가 말하기를 나는 부자라 부요하여 부족한 것이 없다 하나
네 곤고한 것과 가련한 것과 가난한 것과
눈 먼 것과 벌거벗은 것을 알지 못하는도다
내가 너를 권하노니 내게서 불로 연단한 금을 사서 부요하게 하고
흰 옷을 사서 입어 벌거벗은 수치를 보이지 않게 하고
안약을 사서 눈에 발라 보게 하라
무릇 내가 사랑하는 자를 책망하여 징계하노니
그러므로 네가 열심을 내라 회개하라

볼지어다 내가 문 밖에 서서 두드리노니
누구든지 내 음성을 듣고 문을 열면 내가 그에게로 들어가
그와 더불어 먹고 그는 나와 더불어 먹으리라

(계 3:15-20)

이 말씀을 보면 라오디게아 교회 성도들의 신앙 상태가 어떠함을 알 수 있습니다. 그들은 스스로 믿음이 있는 것처럼 여기고 있었으나 실상은 참으로 부끄러운 신앙의 모습이었다는 것입니다. 그렇기에 예수님은 이렇게 그들에게 말씀하십니다.

볼지어다 내가 **문 밖에** 서서 두드리노니
누구든지 내 음성을 듣고 문을 열면
내가 그에게로 들어가 그와 더불어 먹고
그는 나와 더불어 먹으리라

(계 3:20)

여기서 중요한 것은 '먹고 마시자'라는 것이 아니라, 대화를 하자는 것입니다. 지금 바로 네 마음의 문 앞에 있으니 마음의 문을 열고 대화하자는 요청입니다. 그리하면 너희들의 모든 문제가 해결된다는 말씀입니다. 예수님께 마음의 문을 열고 대화하는 사람은 자신을 알게 되고, 의의 길을 알게 되며, 참 평안을 얻게 될 것이며, 삶의 희락과 기쁨을 찾게 될 것입니다.

여기 놀라운 사실 하나가 있습니다.

창세기 18장에 기록된 말씀의 내용은 참으로 의미심장한 이야기를 들려줍니다. 아브라함이 장막 문 앞에 앉아 있다가 사람 셋이 맞은 편에 서 있는 것을 보았습니다. 아브라함이 그들을 보자 즉시 일어나 달려가 그들을 집으로 영접하여 극진히 대접합니다. 아브라함이 갖은 음식을 정성껏 준비하여 그들을 모셨습니다. 식사를 마친 후에 그들이 아브라함에게 이르기를 "내년 이맘때 내가 반드시 네게로 돌아오리니 네 아내 사라에게 아들이 있으리라"(창 18:10) 하였습니다. 이 말을 듣고 아브라함이나 사라는 얼마나 놀랐을까요? 얼마나 기다리던 소식이었을까요? 완전히 소망이 끊긴 그들에게 소망의 빛을 비추어 준 것입니다. 그들이 떠나려 하자 아브라함은 그들을 전송하려고 함께 나갔습니다.

이때에 그들이 아브라함에게 이르기를 "소돔과 고모라에 대한 부르짖음이 크고 그 죄악이 심히 무거우니 내가 이제 내려가서 그 모든 행한 것이 과연 내게 들린 부르짖음과 같은지 그렇지 않은지 내가 보고 알려 하노라"(창 18:20-21)라고 하였습니다. 이 말을 들은 아브라함은 소돔과 고모라의 죄악을 익히 알고 있기에 여호와 앞에 이르기를 "주께서 의인을 악인과 함께 멸하려 하시나이까 그 성 중에 의인 오십 명이 있을지라도 주께서 그 곳을 멸하시고 그 오십 의인을 위하여 용서하지 아니하시리이까 주께서 이같이 하사 의인을 악인과 함께 죽이심은 부당하오며 의인과 악인을 같이 하심도 부당하니이다 세상을 심판하시는 이가 정의를 행하실 것이 아니니이까"(창 18:23-25) 하고 마치 항변하는 사람처럼 말을 합니다. 아브라함의 말을 들은 여호와는 이르시기를 "내가 만일 소돔 성읍 가운데에서 의인 오십 명을 찾으면 그들을 위하여 온 지역을 용서하리라"(창 18:26) 하시며 마치 어린아이를 달래는 것처럼 말씀하십니다.

이에 더하여 아브라함은 '의인이 오십 명 중에서 다섯 사람이 부족하여 사십오 명이라면 어찌하겠습니까? 의인이 사십 명이라면 어찌하겠습니까? 의인 삼십 명을 찾으면 어찌하겠습니까? 의인 이십 명을 찾는다면 어찌하겠습니까? 의인 열 사람을 찾으면 어찌하겠습니까?'(창 18:27-32) 하고 물었습니다.

여호와 하나님은 아브라함의 이 모든 말에 대하여 "멸하지 아니하리라" 하고 거듭하여 응답해 주셨습니다.

이 사건을 통하여 우리가 깨달아 알 수 있는 것은
  첫째, 우리가 마음의 문을 열고 주를 모셔 들이며 그와 함께 먹고 마신다면 마음의 소원이 이루어지며, 복된 일이 생긴다는 것입니다.
  둘째, 하나님은 우리와 대화하시기를 기뻐하시며 우리가 그를 향하여 마음을 열면 하나님 자신이 하시고자 하는 일을 우리에게 알리신다는 것입니다.

셋째, 하나님은 우리가 요구하는 모든 것에 항상 긍정적으로 응하
실 준비가 되어있다는 것입니다.

아브라함의 말도 안 되는 요구에 하나님은 긍정적으로 응대하여
주신 것입니다. 의인 50명에서 시작한 아브라함의 요구는 의인 45
명, 의인 30명, 의인 20명, 의인 10명에 이르기까지 하였으며 하나
님은 이 모든 요구에 응답하여 주셨습니다. 하나님은 이르시기를
"내가 열 명의 의인으로 말미암아 멸하지 아니하리라."

대화로 하나님 앞에 나아오십시오.
우리 말에 귀를 기울이시며 가장 좋은 길로 인도하십니다. 기도로
나아오십시오. 복된 응답의 결과를 얻을 것입니다. 하나님과 대화
하여 보십시오. 좋은 일이 생깁니다. 기적이 일어납니다. 마음의 소
원이 이루어집니다. 그러나 먼저 다음의 말씀을 기억하십시오.

구하라 그리하면 너희에게 주실 것이요
찾으라 그리하면 찾아낼 것이요
문을 두드리라 그리하면 너희에게 열릴 것이니
구하는 이마다 받을 것이요 찾는 이는 찾아낼 것이요
두드리는 이에게는 열릴 것이니라
너희 중에 누가 아들이 떡을 달라 하는데 돌을 주며
생선을 달라 하는데 뱀을 줄 사람이 있겠느냐

너희가 악한 자라도 좋은 것으로 자식에게 줄 줄 알거든

하물며 하늘에 계신 너희 아버지께서 구하는 자에게

좋은 것으로 주시지 않겠느냐

그러므로 무엇이든지 남에게 대접을 받고자 하는 대로

너희도 남을 대접하라 이것이 율법이요 선지자니라

(마 7:7-12)

무엇인가 필요한 것이 있느냐? 구하라는 것입니다. 찾고, 두드리라는 것입니다. 그리하면 좋으신 하나님은 우리의 구하는 것들을 반드시 응답하여 주실 뿐만 아니라 우리가 구하는 것 이상의 좋은 것들로만 들어주실 것입니다.

그러나 진정 바라고 구하는 것으로 응답을 받기를 바란다면 나의 요구하는 것을 들어주실 분에게 대접을 먼저 하라는 것입니다. 남에게 대접을 받고자 하는 대로 너희도 남을 대접하라 하였습니다. 우리가 모든 것의 주인이 되시는 하나님께 무엇인가를 받고자 한다면 내가 받고자 하는 대로 하나님을 대접해 드려야 합니다.

우리가 어떻게 하나님을 대접해야 할까요?

금으로 대접해야 할까요?

은으로 대접해야 할까요?

우리가 가진 것 중에 하나님께 받지 않은 것이 무엇인가요?

은도 내 것이요 금도 내 것이니라 만군의 여호와의 말이니라

(학 2:8)

내 백성아 들을지어다 내가 말하리라 이스라엘아

내가 네게 증언하리라 나는 하나님 곧 네 하나님이로다

나는 네 제물 때문에 너를 책망하지 아니하리니

네 번제가 항상 내 앞에 있음이로다

내가 네 집에서 수소나 네 우리에서

숫염소를 가져가지 아니하리니

이는 삼림의 짐승들과 뭇 산의 가축이 다 내 것이며

산의 모든 새들도 내가 아는 것이며 들의 짐승도 내 것임이로다

내가 가령 주려도 네게 이르지 아니할 것은

세계와 거기에 충만한 것이 내 것임이로다

내가 수소의 고기를 먹으며 염소의 피를 마시겠느냐

감사로 하나님께 제사를 드리며 지존하신 이에게

네 서원을 갚으며 환난 날에 나를 부르라

내가 너를 건지리니 네가 나를 영화롭게 하리로다

(시 50:7-15)

진정으로 우리가 하나님을 대접하여 드리기를 원한다면 하나님이

원하시는 것이 무엇인지를 알아야 합니다. 하나님께서 우리에게 원하시는 것은 "감사로 하나님께 제사를 드리며 지존하신 이에게 네 서원을 갚으며 환난 날에 나를 부르라"라는 것입니다.

여기서 우리는 하나님이 원하시는 것 세 가지를 발견할 수 있습니다.
첫째는 감사의 제사입니다.
둘째는 하나님을 향한 서원을 갚는 것입니다.
셋째는 환난 날에 여호와 하나님을 찾는 것입니다.

감사의 제사란 감사로 제사를 드리라는 말이며, 이는 마음으로 드리는 제사여야 한다는 뜻입니다. 형식적인 제사가 아닙니다. 마지못해 드리는 제사도 아닙니다. 이는 신령과 진정으로 드리는 제사를 말합니다. 제단에 올려진 제물의 대소를 말하는 것이 아닙니다. 정성을 다하여 감사로 드리는 마음의 제사를 말합입니다.

> 감사로 제사를 드리는 자가 나를 영화롭게 하나니
> 그의 행위를 옳게 하는 자에게 내가 하나님의 구원을 보이리라
>
> (시 50:23)

하나님을 향한 서원을 갚는다는 것은 하나님의 말씀대로 행하며, 하나님의 뜻을 이루라는 것입니다. 여기 선민 이스라엘 백성들의 향한 하나님의 메시지가 있습니다.

보라 내가 오늘 생명과 복과 사망과 화를 네 앞에 두었나니

곧 내가 오늘 네게 명령하여 네 하나님 여호와를 사랑하고

그 모든 길로 행하며 그의 명령과 규례와 법도를 지키라

하는 것이라 그리하면 네가 생존하며 번성할 것이요

또 네 하나님 여호와께서 네가 가서 차지할 땅에서

네게 복을 주실 것임이니라

(신 30:15-16)

네가 네 하나님 여호와의 말씀을 삼가 듣고 내가 오늘

네게 명령하는 그의 모든 명령을 지켜 행하면 네 하나님

여호와께서 너를 세계 모든 민족 위에 뛰어나게 하실 것이라

네가 네 하나님 여호와의 말씀을 청종하면

이 모든 복이 네게 임하며 네게 이르리니

성읍에서도 복을 받고 들에서도 복을 받을 것이며

네 몸의 자녀와 네 토지의 소산과

네 짐승의 새끼와 소와 양의 새끼가 복을 받을 것이며

네 광주리와 떡 반죽 그릇이 복을 받을 것이며

네가 들어와도 복을 받고 나가도 복을 받을 것이니라

(신 28:1-6)

모세와 레위 제사장들이 온 이스라엘에게 말하여 이르되

이스라엘아 잠잠하여 들으라 오늘 네가 네 하나님

여호와의 백성이 되었으니
그런즉 네 하나님 여호와의 말씀을 청종하여
내가 오늘 네게 명령하는 그 명령과 규례를 행할지니라

(신 27:9-10)

하나님의 백성들에게 있어서 하나님의 말씀을 청종하고 그 말씀을 마음에 품고, 그 말씀을 따라 사는 것은 하나님의 백성이 된 자들의 도리요, 의무요, 축복의 길입니다.

다음의 성경 말씀은 하나님의 백성들이 마땅히 행할 일이 무엇인가를 가르쳐 주는 말씀입니다. 아래에 기록된 말씀은 예루살렘성의 관리들과 장로들과 서기관들이 모였고, 거기에 대제사장 안나스와 가야바와 요한과 알렉산더와 및 대제사장의 문중이 다 모인 자리에서 베드로와 요한이 그들을 향하여 외친 말입니다.

베드로와 요한이 대답하여 이르되
하나님 앞에서 너희의 말을 듣는 것이
하나님의 말씀을 듣는 것보다 옳은가 판단하라

(행 4:19)

베드로와 요한이 기도하기 위하여 성전에 올라가다가 미문이라는 성전 문 앞에서 태어나면서부터 걷지 못하게 된 걸인을 만났는데 그가 베드로와 요한을 향하여 구걸을 합니다. 이때에 베드로가 그를 향하여 "은과 금은 내게 없거니와 내게 있는 이것을 네게 주노니 나사렛 예수 그리스도의 이름으로 일어나 걸으라" 말하고 오른손을 잡아 일으키니 발과 발목이 곧 힘을 얻고 뛰어 서서 걸으며 그들과 함께 성전으로 들어가면서 걷기도 하고 뛰기도 하며 하나님을 찬송하였습니다. 그가 걷는 것과 하나님을 찬송함을 보고 모든 백성이 그가 본래 성전 미문에 앉아 구걸하던 사람인 줄 알고 그에게 일어난 일로 인하여 심히 놀랍게 여겼습니다(행 3:1-10 참조).

이 소문이 예루살렘 성에 퍼지매 이 사건으로 인하여 모여든 예루살렘성의 관리들과 장로들과 서기관들 그리고 대제사장 안나스와 가야바와 요한과 알렉산더와 및 대제사장의 문중이 모였습니다. 그들이 베드로와 요한을 가운데 세우고 "너희가 무슨 권세와 누구의 이름으로 이 일을 행하였느냐?"(행 4:7) 하고 묻습니다.

베드로가 성령이 충만하여 그들에게 대답합니다.

백성의 관리들과 장로들아
만일 병자에게 행한 착한 일에 대하여 이 사람이
어떻게 구원을 받았느냐고
오늘 우리에게 질문한다면 너희와 모든 이스라엘 백성들은 알라
너희가 십자가에 못 박고 하나님이 죽은 자 가운데서 살리신

나사렛 예수 그리스도의 이름으로

이 사람이 건강하게 되어 너희 앞에 섰느니라

이 예수는 너희 건축자들의 버린 돌로서 집 모퉁이의

머릿돌이 되었느니라

다른 이로써는 구원을 받을 수 없나니 천하 사람 중에

구원을 받을 만한 다른 이름을 우리에게 주신 일이 없음이라

(행 4:8-12)

베드로의 말하는 것을 다 들은 그들은 베드로와 요한이 담대하게 말함을 보고 그들을 본래 학문 없는 범인으로 알았다가 이상히 여기며 또 전에 예수와 함께 있던 줄도 알고 또 병 나은 사람이 그들과 함께 서 있는 것을 보고 비난할 말이 없는지라 베드로와 요한을 향하여 공회에서 나가라 하고 서로 모여 상의를 하였습니다.

이 사람들을 어떻게 할까 그들로 말미암아 유명한 표적

나타난 것이 예루살렘에 사는 모든 사람에게 알려졌으니

우리도 부인할 수 없는지라

이것이 민간에 더 퍼지지 못하게 그들을 위협하여

이후에는 이 이름으로 아무에게도 말하지 말게 하자

(행 4:16-17)

이렇게 논의한 후에 베드로와 요한을 공회로 불러들여 경고하여 말

하기를 "이제 이후로 도무지 예수의 이름으로 말하지도 말고 가르치지도 말라"라고 하며 엄포를 놓았습니다. 이 말을 들은 베드로와 요한이 그들에게 대답하여 말하기를 "하나님 앞에서 너희의 말을 듣는 것이 하나님의 말씀을 듣는 것보다 옳은가 너희 스스로 판단하라. 사람보다 하나님께 순종하는 것이 마땅하니라"라고 하였습니다.

예수님을 영접하여 믿고 구원을 얻어 하나님의 자녀가 된다는 것은 바로 이것입니다. 이제부터는 하나님의 말씀에 의하여, 말씀을 따라, 말씀을 위하여 살겠다고 결심하고 하나님을 향하여 서원한 것과 같습니다. 왜냐하면 예수님은 말씀이 육신을 입고 오신 분이시며, 예수님을 마음에 모신다는 것은 말씀을 마음에 새기는 것이며, 그 말씀을 따라 살아가겠다는 고백이요, 서원입니다.

> 말씀이 육신이 되어 우리 가운데 거하시매
> 우리가 그의 영광을 보니
> 아버지의 독생자의 영광이요
> 은혜와 진리가 충만하더라
>
> (요 1:14)

하나님께서 친히 창조하신 인생을 향한 하나님의 기대와 소원은 무엇일까요? 이것은 자명합니다. 하나님과 사랑의 교제 가운데서 하나님의 뜻에 합당하게 하나님께 순종하여 살아가는 것입니다. 이것이 복이요, 은혜의 삶입니다. 그럼으로 하나님을 향한 인생의 참된 서원은 하나님의 말씀에 순종하는 것입니다. 사람들이 하나님께 서원을 갚는다는 것은 하나님의 말씀에 순종하는 것입니다.

아들을 믿는 자에게는 영생이 있고
아들을 순종하지 아니하는 자는 영생을 보지 못하고
도리어 하나님의 진노가 그 위에 머물러 있느니라

(요 3:36)

한 사람이 순종하지 아니함으로 많은 사람이 죄인 된 것 같이
한 사람이 순종하심으로 많은 사람이 의인이 되리라

(롬 5:19)

그렇기에 "순종은 제사보다 낫다"라고 하였습니다.

이 사실은 사무엘 상 15장 1절에서 23절까지의 말씀 속에서 확인할 수 있습니다.

사무엘 선지자가 사울 왕을 만나 말하기를 "여호와께서 나를 보내어 왕에게 기름을 부어 그의 백성 이스라엘 위에 왕으로 삼으셨은즉 이제 왕은 여호와의 말씀을 들으소서 만군의 여호와께서 이같이 말씀하시기를 아말렉이 이스라엘에게 행한 일 곧 애굽에서 나

올 때에 길에서 대적한 일로 내가 그들을 벌하노니 지금 가서 아말렉을 쳐서 그들의 모든 소유를 남기지 말고 진멸하되 남녀와 소아와 젖 먹는 아이와 우양과 낙타와 나귀를 죽이라 하셨나이다" 하고 말하니 이에 사울 왕이 군대를 소집하여 싸우러 나가서 아말렉 사람의 왕 아각을 사로잡고 칼날로 그의 모든 백성을 진멸하였으되 사울과 백성이 아각과 그의 양과 소의 가장 좋은 것 또는 기름진 것과 어린 양과 모든 좋은 것을 남기고 진멸하기를 즐겨 아니하고 가치 없고 하찮은 것은 진멸하였습니다.

사무엘 선지자가 나아가 승전고를 울리며 돌아오는 사울 왕을 만났을 때에 둘 사이에 서로 나눈 대화입니다.

사울 왕 : "사무엘 선지자여! 원하건대 당신은 여호와께 복을 받으소서 내가 여호와의 명령을 행하였나이다."

사무엘 선지자 : "왕이여! 내 귀에 들려오는 이 양의 소리와 내게 들리는 소의 소리는 어찌 됨이니이까?"

사울 왕 : "그것은 무리가 아말렉 사람에게서 끌어 온 것인데 백성이 당신의 하나님 여호와께 제사하려 하여 양들과 소들 중에서 가장 좋은 것을 남김이요 그 외의 것은 우리가 진멸하였나이다."

사무엘 선지자 : "가만히 계시옵소서. 간밤에 여호와께서 내게 이
　　　　　　　르신 것을 왕에게 말하리이다."

사울 왕 : "말씀하소서"

사무엘 선지자 : "왕이 스스로 작게 여길 그 때에 이스라엘 지파
　　　　　　　의 머리가 되지 아니하셨나이까? 여호와께서 왕
　　　　　　　에게 기름을 부어 이스라엘 왕을 삼으시고 또 여
　　　　　　　호와께서 왕을 길로 보내시며 이르시기를 가서 죄
　　　　　　　인 아말렉 사람을 진멸하되 다 없어지기까지 치라
　　　　　　　하셨거늘 어찌하여 왕이 여호와의 목소리를 청종
　　　　　　　하지 아니하고 탈취하기에만 급하여 여호와께서
　　　　　　　악하게 여기시는 일을 행하였나이까?"

사울 왕 : "나는 실로 여호와의 목소리를 청종하여 여호와께서
　　　　　보내신 길로 가서 아말렉 왕 아각을 끌어 왔고 아말렉
　　　　　사람들을 진멸하였으나 다만 백성이 그 마땅히 멸할
　　　　　것 중에서 가장 좋은 것으로 길갈에서 당신의 하나님
　　　　　여호와께 제사하려고 양과 소를 끌어 왔나이다."

사무엘 선지자 : "여호와께서 번제와 다른 제사를 그의 목소리를
　　　　　　　청종하는 것을 좋아하심 같이 좋아하시겠나이까?

순종이 제사보다 낫고 듣는 것이 숫양의 기름보다 나으니 이는 거역하는 것은 점치는 죄와 같고 완고한 것은 사신 우상에게 절하는 죄와 같음이라 왕이 여호와의 말씀을 버렸으므로 여호와께서도 왕을 버려 왕이 되지 못하게 하셨나이다."

여기서 우리가 깨달아야 하는 것은 '하나님의 말씀에 순종하는 것'이 세상 그 어떤 것보다 우선이라는 사실을 알아야 하겠습니다. 하나님의 백성에게 있어서 하나님의 말씀에 순종하여 산다는 것은 그 어떤 서원보다도 우선입니다. 그렇기에 하나님의 말씀에 순종하는 것은 제사보다도 앞선 것이며, 하나님의 말씀에 거역하는 것은 점치는 죄와 같고, 완고하여 하나님의 말씀을 지키지 않는 것은 우상에게 절하는 죄와 같다고 하였습니다. 그렇기에 하나님의 말씀을 버리면 하나님께서도 그러한 사람을 버리신다는 것입니다.

환란의 날에 여호와를 찾는다는 것은 오직 하나님만을 신뢰하며 전적으로 의지하는 삶을 말하는 것입니다.

귀인들을 의지하지 말며 도울 힘이 없는 인생도
의지하지 말지니 그의 호흡이 끊어지면 흙으로 돌아가서
그 날에 그이 생각이 소멸하리로다
야곱의 하나님을 자기의 도움으로 삼으며

48

여호와 자기 하나님에게 자기의 소망을 두는 자는 복이 있도다

(시 146:3-5)

목이 곧은 백성을 환란의 날에도 하나님을 찾지 않습니다. 교만하여 악에 치우친 자들은 하나님을 찾지 않습니다. 행악의 자식들은 하나님을 찾지 않습니다. 행위가 부패한 자식들은 하나님을 찾지 않는다고 하였습니다. 사단의 자식들, 독사의 자식들은 하나님을 찾지 않습니다.

이사야 선지자의 입을 빌어 우리를 향하신 하나님의 탄식이 있습니다.

하늘이여 들으라 땅이여 귀를 기울이라
여호와께서 말씀하시기를 내가 자식을 양육하였거늘
그들이 나를 거역하였도다 소는 그 임자를 알고
나귀는 주인의 구유를 알건마는 이스라엘은 알지 못하고
나의 백성은 깨닫지 못하는도다 하셨도다
슬프다 범죄한 나라요 허물 진 백성이요 행악의 종자요
행위가 부패한 자식이로다 그들이 여호와를 버리며
이스라엘의 거룩하신 이를 만홀히 여겨 멀리하고 물러갔도다

(사 1:2-4)

하나님을 아는 자는 하나님을 찾습니다. 창조주요, 전능하신 하나님이시며, 모든 것의 모든 것 되시는 하나님을 아는 자는 하나님을 찾습니다. 세상의 모든 만물이 하나님의 손에 있으며, 결과적으로는 모든 일이 하나님의 뜻에 따라 진행됨을 아는 자는 하나님을 찾으며, 하나님을 의지할 것입니다.

> 누가 주께 먼저 드려서 갚으심을 받겠느냐
> 이는 만물이 주에게서 나오고 주로 말미암아
> 주에게로 돌아감이라
> 그에게 영광이 세세에 있을지어다 아멘
>
> (롬 11:35-36)

이렇게 하나님을 아는 자는 기도로 하나님 앞으로 나아갑니다. 기도로 하나님 앞에 나아가 무엇인가를 구할 수 있다는 것이 인생에게 얼마나 영광스럽고 복된 일입니까! 이것을 아는 것이 믿음이요, 은혜요, 구원이요, 축복이며, 무한한 영광입니다. 왜냐구요? 하나님은 만왕의 왕이시며, 만주의 주요, 영광중에 거하시는 분이시기 때문입니다.

인간의 예를 들어 말씀을 드리겠습니다.
일개 평민이 존엄하신 임금 앞에 나아와 그 앞에 엎드려 자기가 원하는 것을 말할 수 있다고 합시다. 일개 평민이 임금을 알현한다는 것 자체가 불가능한 시대에 말입니다. 임금의 부름을 받았다는 것 자체로 감개무량할 것입니다. 임금 앞에 나아가 그의 용안을 볼 수 있다는 것 또한 커다란 은총일 것입니다. 하물며 내가 바라고 원하는 것을 임금 앞에 거침없이 요구한다면 참으로 놀라운 광경이 아닐 수 없을 것입니다.

묻겠습니다.
 여러분이 믿는 하나님은 당신에게 어떠한 존재인가요? 하나님을 향한 당신의 믿음은 어느 수준인가요?

세례 요한의 증언

 예수 그리스도에 대한 세례 요한의 고백을 들어보겠습니다.

> 나는 너희로 회개하게 하기 위하여 물로 세례를 베풀거니와
> 내 뒤에 오시는 이는 나보다 능력이 많으시니
> 나는 그의 신을 들기도 감당하지 못하겠노라
> 그는 성령과 불로 너희에게 세례를 베푸실 것이요
> 손에 키를 들고 자기의 타작 마당을 정하게 하사
> 알곡은 모아 곳간에 들이고 쭉정이는 꺼지지 않는 불에
> 태우시리라
>
> (마 3:11-12)

예수 그리스도를 향한 세례 요한의 고백은 '나로서는 그의 신을 들기도 감당하지 못할 분'이라는 것입니다. 마태복음을 제외한 다른 세 복음서에서는 이 구절을 "나는 그의 신발 끈을 풀기도 감당하지 못하겠노라"로 번역되어 있습니다(막1:7; 눅 3:16; 요 1:27 참조). 그처럼 존귀하신 분이 이르시기를 "환란 날에 나를 찾아오라" 하십니다. 환란의 날에 나를 찾으라 하신 그분은 능치 못하심이 없는 분이시며, 권능이 한이 없으시며, 은혜와 긍휼과 자비로우심이 풍성하신 분이십니다.

여호와는 은혜로우시며 긍휼이 많으시며
노하기를 더디 하시며 인자하심이 크시도다

(시 145:8)

여호와여 주의 이름을 아는 자는 주를 의지하오리니
이는 주를 찾는 자들을 버리지 아니하심이니이다

(시 9:10)

나는 오직 주의 사랑을 의지하였사오니
나의 마음은 주의 구원을 기뻐하리이다

(시 13:5)

내가 하나님을 의지하였은즉 두려워하지 아니하리니
사람이 내게 어찌하리이까

(시 56:11)

네 길을 여호와께 맡기라 그를 의지하면 그가 이루시고

네 의를 빛 같이 나타내시며 네 공의를

정오의 빛 같이 하시리로다

(시 37:5-6)

이와 같이 환란 날에 여호와를 찾으며, 은혜를 구하는 자는 구원함을 받으며, 세상에서 담대함을 얻고, 그의 삶을 영화롭게 하시는 분이십니다. 사람에게 있어서 하나님과의 대화는 하나님과 먹고 마시는 길이며, 하나님과의 관계성 회복이며, 하나님과 화목하는 길이며, 이 길은 영광의 길이요, 구원의 길이요, 인생의 모든 문제를 해결 받는 지름길이며, 축복의 통로입니다.

창조의 목적은 무엇일까요?

셋째 : 모든 피조물을 사랑의 대상으로서 창조하신 것입니다.

하나님께서 천지와 만물을 창조하시고, 사람을 창조하심은 하나님의 차고 넘치는 사랑의 대상을 만드신 것입니다.

하나님은 사랑이십니다.

사랑하는 자들아 우리가 서로 사랑하자

사랑은 하나님께 속한 것이니

사랑하는 자마다 하나님으로부터 나서 하나님을 알고

사랑하지 아니하는 자는 하나님을 알지 못하나니

이는 하나님은 사랑이심이라.

(요일 4:7-8)

성경은 인생을 향한 하나님의 사랑 노래입니다.

성경을 통하여 하나님의 사랑을 발견하지 못하였다면, 그리고 하나님의 사랑 노래를 듣지 못한다면 그는 성경을 바로 보지 못한 것입니다. 성경에는 인생을 향한 주체할 수 없는 넘치는 하나님의 사랑이 기록되어 있습니다. 하나님의 인생을 창조하신 목적이 여기에 있습니다. 차고 넘치는 하나님의 사랑을 주시고자 세상의 모든 만물과 사람을 창조하셨습니다. 사랑하는 자는 사랑하는 자에게 결코 악을 행하지 않습니다. 오직 선을 행하며, 상대방의 축복을 위하여 온 힘을 다합니다. 하나님의 사랑의 절정은 독생자 예수님이 육신을 입고 이 땅에 오신 것입니다.

하나님이 세상을 이처럼 사랑하사 독생자를 주셨으니

이는 그를 믿는 자마다 멸망하지 않고

영생을 얻게 하려 하심이라

(요 3:16)

하나님의 사랑이 우리에게 이렇게 나타난 바 되었으니

하나님이 자기의 독생자를 세상에 보내심은

그로 말미암아 우리를 살리려 하심이라

(요일 4:9)

하나님은 당신의 사랑을 인생들에게 한없이 쏟아부으시기를 기뻐하시며, 인생들에게서 하나님이 보고자 원하셨던 것은 서로 사랑하며 살아가는 삶의 모습이었습니다. 이러한 서로서로 사랑하는 모습을 바라보시는 것이 하나님의 즐거움이었고, 기쁨이었습니다.

창조의 목적은 무엇일까요?
넷째 : 영광을 받으시려는 것입니다.

인생의 궁극적인 목적은 하나님께 영광을 돌리는 것입니다. 하나님은 이미 영광 중에 거하시는 분이십니다. 하나님은 또한 영광과 찬양을 받기에 합당하신 분이시며, 영광을 받으시려 세상의 만물을 창조하셨으며, 사람을 창조하시되 하나님의 형상과 모양을 따라 창조하심은 인생을 통하여 영광을 받으시려는 것입니다.

할렐루야 하늘에서 여호와를 찬양하며

높은 데서 그를 찬양할지어다

그의 모든 천사여 찬양하며 모든 군대여 그를 찬양할지어다

해와 달아 그를 찬양하며 밝은 별들아 다 그를 찬양할지어다
하늘의 하늘도 그를 찬양하며
하늘 위에 있는 물들도 그를 찬양할지어다
그것들이 여호와의 이름을 찬양함은
그가 명령하시므로 지음을 받았음이로다

(시 148:1-5)

이사야 선지자를 통하여 하나님은 분명한 어조로 단호하게 말씀을 하셨습니다. "내가 내 영광을 위하여 창조하였노라"라고 확실하게 밝히셨습니다.

내 이름으로 불려지는 모든 자
곧 내가 내 영광을 위하여 창조한 자를 오게 하라
그를 내가 지었고 그를 내가 만들었느니라

(사 43:7)

이 백성은 내가 나를 위하여 지었나니
나를 찬송하게 하려 함이니라

(사 43:21)

나는 여호와이니 이는 내 이름이라

나는 내 영광을 다른 자에게,

내 찬송을 우상에게 주지 아니하리라

(사 42:8)

인생을 창조하신 하나님의 목적은 영광을 받으시고자 창조하시었음이 분명합니다.

창조의 목적은 무엇일까요?
다섯째 : 안식하시려는 것이었습니다.

천지 창조와 하나님의 형상과 모양을 따라 지음을 받는 사람을 창조하는 것은 전능하시며 지혜와 명철이 한이 없으신 하나님의 아름다운 계획이었습니다. 이 계획의 아름다운 설계도가 하나님의 마음에 있었습니다. 하나님께서 천지와 만물을 창조하심을 보면 아주 완벽하게 창조하셨음을 봅니다. 마치 아름다운 청사진을 펼쳐 놓고, 계획된 설계도에 따라 완전하게 이루어져 어느 것 하나 부족한 것이 없이 창조하셨음을 봅니다. 창조의 일을 마치시고 하나님은 안식하셨습니다.

하나님이 그가 하시던 일을 일곱째 날에 마치시니

그가 하시던 모든 일을 그치고 일곱째 날에 안식하시니라

(창 2:2)

여기서 사용한 '안식'은 '일을 그치다' 혹은 '작업을 마무리 하다'라는 뜻입니다. '안식하셨다'는 무엇을 이루고자 하는 뜻이 있으셨고, 그 뜻을 이루고 완성하셨을 때에 얻는 마음의 상태입니다. 천지와 만물을 아름답게 창조하신 것은 하나님의 뜻이었고 계획이었으며, 하나님의 형상과 모양을 닮은 인생을 창조하시는 것은 하나님의 꿈이요, 열망이었습니다. 이렇게 창조하신 인생과 교제하며, 풍성한 당신의 사랑을 인생에게 쏟는 것은 하나님의 기쁨이었습니다. '참다운 안식'은 자신이 목표하는 것을 왕성하였을 때, 마음에 품은 꿈을 이루었을 때에 비로소 얻어지는 것입니다. 그러므로 하나님은 마음에 품고 있던 창조의 꿈과 계획들을 모두 마치고 완성하였을 때에 기뻐하시며 흡족하게 여기시고 안식하신 것입니다.

깨어진 하나님 안식

여호와께서 하늘에서 인생을 굽어 살피사
지각이 있어 하나님을 찾는 자가 있는가 보려 하신즉
다 치우쳐 함께 더러운 자가 되고
선을 행하는 자가 없으니 하나도 없도다.
(시 14:2-3)

하나님께서 창조하신 세상을 보시며
선을 행하기를 바라셨으나 도리어 포악으로 넘쳤으며,
사람들이 생각하고 계획하는 것마다 악이요,
말하는 것마다 거짓의 아비인 사단을 닮아 거짓부렁이요,
그들의 손에는 피가 가득하고
발걸음마다 죄악만이 차고 넘쳤습니다

제 2 장
깨어진 하나님의 안식

천지와 만물의 창조 역사를 마친 하나님은 기쁨과 즐거움으로 안식에 들어가셨습니다. 안식에 들어가시면서 하나님은 창조하신 모든 만물로 인하여 만족하게 여기시며, 창조하시며 만드시는 모든 일을 마치심을 축하하며 안식에 들어가는 일곱째 날을 복되게 하시고 거룩하게 하셨습니다.

사단의 권세에 사로잡힌 세상
하나님께서 안식하시는 동안 교활한 사단이 역사하여 하나님의 형상과 모양을 따라 지음을 받은 사람들의 심령에 악을 뿌렸고, 세상은 악으로 충만하게 되었습니다.

시편 기자는 사단에 미혹을 받은 세상의 형편을 다음과 같이 말합니다.

> 여호와께서 하늘에서 인생을 굽어 살피사
> 지각이 있어 하나님을 찾는 자가 있는가 보려 하신즉
> 다 치우쳐 함께 더러운 자가 되고
> 선을 행하는 자가 없으니 하나도 없도다
>
> (시 14:2-3)

이제 세상은 하나님 보시기에 더 이상 좋은 세상이 아닙니다. 세상에는 선을 행하는 자가 하나도 없을 뿐만이 아니라, 도리어 악으로 가득하였으며, 창조주 되시는 하나님을 찾는 세상이 아니었습니다. 하나님께서 창조하신 세상을 보시며 선을 행하기를 바라셨으나 도리어 포악으로 넘쳤으며, 사람들이 생각하고 계획하는 것마다 악이요, 말하는 것마다 거짓의 아비인 사단을 닮아 거짓부렁이요, 그들의 손에는 피가 가득하고 발걸음마다 죄악만이 차고 넘쳤습니다.

깨어진 하나님의 안식

창세기 1장에서 하나님은 천지와 만물, 그리고 인생을 창조하신 이후에 창조의 모든 일을 마치고 안식하셨으나 그 안식은 무참하게

깨어지고 말았습니다. 이유는 하나님의 형상과 모양에 따라 지음을 받은 남자와 여자, 즉 인생이 사단의 유혹을 받아 사단이 끄는 대로 끌려가는 인생들이 되었기 때문입니다. 결국 사단의 자식들이 되어 모두가 악에 치우쳐 하나님께 기쁨과 즐거움을 주지 못하였으며, 그들은 하나님을 찾지도 아니하였습니다. 그로 인하여 하나님의 안식은 무참하게 무너지고 말았습니다.

> 그들이 마음에 하나님 두기를 싫어하매
> 하나님께서 그들을 그 상실한 마음대로 내버려 두사
> 합당하지 못한 일을 하게 하셨으니
> 곧 모든 불의, 추악, 탐욕, 악의가 가득한 자요
> 시기, 살인, 분쟁, 사기, 악독이 가득한 자요 수군수군하는 자요
> 비방하는 자요 하나님께서 미워하시는 자요 능욕하는 자요
> 교만한 자요 자랑하는 자요 악을 도모하는 자요
> 부모를 거역하는 자요
> 우매한 자요 배약하는 자요 무정한 자요 무자비한 자라
> 그들이 이같은 일을 행하는 자는 사형에 해당한다고
> 하나님께서 정하심을 알고도 자기들만 행할 뿐 아니라
> 또한 그런 일을 행하는 자들을 옳다 하느니라
>
> (롬 1:28-32)

참된 안식에는 육신의 평안함은 물론, 마음에 기쁨과 즐거움이 있

어야 합니다. 목표한 바를 달성하고, 자신의 마음속에 넘쳐나는 그 무엇인가에 대한 열정을 아낌없이 쏟아 놓는 상태가 되어야 진정으로 누리는 참된 안식을 얻을 수 있을 것입니다.

 여기서 우리는 하나님이 안식이 깨어지고, 안식을 누리지 못한 이유에 대하여 생각하여 보고자 합니다.

하나님께서 안식을 얻지 못한 첫째 이유 :
하나님은 인생 중에서 선한 자를 찾지를 못하였기 때문이다. 이것은 하나님의 기쁨이 되지 못하고, 도리어 슬픔이 되었습니다.

 하나님의 성품 중의 하나는 선하심입니다.

> 예수께서 길에 나가실새 한 사람이 달려와서
> 꿇어 앉아 묻자오되
> 선한 선생님이여 내가 무엇을 하여야 영생을 얻으리이까
> 예수께서 이르시되 네가 어찌하여 나를 선하다 일컫느냐
> 하나님 한 분 외에는 선한 이가 없느니라
>
> (막 10:17-18)

예수님은 "하나님 한 분 외에는 선한 이가 없느니라"라고 증거하셨습니다. 그렇기에 하나님의 계획하심이 선하며, 하나님의 행하심이

선하며, 하나님의 생각하심과 택하심이 선합니다. 하나님은 선함을 기뻐하십니다. 그러므로 사도 바울은 믿음을 가지고 하나님을 사랑한다고 하는 자들을 향하여 다음과 같이 권하고 있습니다.

사랑에는 거짓이 없나니 악을 미워하고 선에 속하라

(로마서 12:9)

이 말씀은 하나님은 사랑이시며 선하신 분이시기에 하나님을 향한 거짓 없는 사랑이라면 악을 미워하고 멀리하여야 하며 꾸준히 선을 행하여야 할 것이라 권하는 내용입니다.

그런데 하나님이 굽어보신 당시 세상은 죄악으로 가득한 세상이었고, 사람들은 마음으로 생각하는 모든 계획이 항상 악할 뿐임이었습니다.

어리석은 자는 그의 마음에 이르기를 하나님이 없다 하는도다
그들은 부패하고 그 행실이 가증하니 선을 행하는 자가 없도다

(시 14:1)

여호와께서 사람의 죄악이 세상에 가득함과
그의 마음으로 생각하는 모든 계획이 항상 악할 뿐임을 보시고
땅 위에 사람 지으셨음을 한탄하사 마음에 근심하시고

(창 6:5-6)

선하신 하나님은 세상을 살펴 선한 자를 찾으시며, 의를 좇는 자를 보기를 원하셨으나 하나님의 형상대로 하나님의 모양을 따라 지음을 받은 인생들이 선함을 떠나 악에 치우쳤기 때문에 하나님의 기쁨이 되지 못하였고, 하나님의 근심이 되었습니다. 이들로 인하여 하나님은 마음에 크게 한탄하셨습니다. 이로 인하여 하나님의 안식을 깨어지고 말았습니다. 당시 세상 사람들의 삶이 이같이 악에 치우쳤기에 동생 아벨을 죽임으로 인하여 주의 면전에서 쫓겨난 가인은 세상에서 만나는 사람들이 두려워 하나님 앞에 다음과 같이 탄원합니다.

주께서 오늘 이 지면에서 나를 쫓아내시온즉
내가 주의 낯을 뵈옵지 못하리니
내가 땅에서 피하며 유리하는 자가 될지라
무릇 나를 만나는 자마다 나를 죽이겠나이다

(창 4:14)

이에 대하여 하나님께서는 가인의 생명을 세상 사람들의 악에서 지켜 주실 것을 언약하셨습니다.

여호와께서 그에게 이르시되 그렇지 아니하다
가인을 죽이는 자는
벌을 칠 배나 빋으리라 하시고 가인에게 표를 주사

그를 만나는 모든 사람에게서 죽임을 면하게 하시니라

(창 4:15)

이같이 악에 치우신 세상이었고, 불의가 가득한 세상이며, 선함을 찾을 수 없는 세상이었기에 이를 바라보시는 하나님은 안식을 누리지를 못하셨습니다.

하나님께서 안식을 얻지 못한 둘째 이유 : 하나님은 인생 중에서 마음을 나누는 대화의 상대를 찾지 못하였기 때문입니다.

하나님은 당신의 형상대로, 당신의 모양을 따라 지음을 받은 인생 중에서 마음을 나눌 대화 상대를 찾고 찾았으나 어디서도 찾지를 못하였습니다. 왜냐하면 이들은 사단에 사로잡힌 자들이었기에, 사단의 자식들이 되었고, 그렇기에 하나님과의 대화가 불가능하였습니다. 그들은 대화 상대가 아닙니다. 도리어 대적하며 물리쳐야 할 대상들입니다. 이들은 마귀의 미혹을 받아 죄악을 행하며, 생각하고 계획하는 것마다 항상 악할 뿐이기 때문입니다.

사도 바울은 이렇게 말하고 있습니다.

너희는 믿지 않는 자와 멍에를 함께 메지 말라

의와 불법이 어찌 함께 하며 빛과 어둠이 어찌 사귀며

그리스도와 벨리알이 어찌 조화되며

믿는 자와 믿지 않는 자가 어찌 상관하며

하나님의 성전과 우상이 어찌 일치가 되리요

우리는 살아 계신 하나님의 성전이라

이와 같이 하나님께서 이르시되

내가 그들 가운데 거하며 두루 행하여

나는 그들의 하나님이 되고 그들은 나의 백성이 되리라

그러므로 너희는 그들 중에서 나와서 따로 있고

부정한 것을 만지지 말라

내가 너희를 영접하여 너희에게 아버지가 되고

너희는 내게 자녀가 되리라

전능하신 주의 말씀이니라 하셨느니라

(고후 6:14-18)

야고보 사도는 "하나님께 복종하고 마귀를 대적하라"(약 4:7)라고 말합니다. 한 걸음 더 나아가 이들과는 교제 자체가 무의미합니다. 왜냐하면 이사야 선지자의 예언처럼 듣기는 들어도 깨닫지 못할 것이요, 보기는 보아도 알지를 못할 것이기 때문입니다.

진정한 안식을 얻는 길은 마음속에 있는 말을 다 털어놓고 이야기를 나눈 후에 마음과 마음이 서로가 통하였을 때 얻어지는 것이라고 생각합니다. 이로 인하여 얻어지는 안식은 기쁨과 희열을 동반하는 것이라고 생각합니다. 외로움이나 고독이란 마음속에 있는 진솔한 이야기를 함께 나눌 상대를 얻지 못하였을 때 나타나는 현상입니다.

성경에서 우리는 대화를 위하여 부르시는 하나님의 음성을 자주 듣습니다. 아담아! 하고 부르신 하나님은 가인을 부르시고, 아브라함을 부르셨고, 이삭을, 모세를 부르셨으며, 나아가 무릇 사랑하는 자들을 부르셨습니다. 부르심의 의미는 대화를 나누자는 것입니다.

아브라함을 벗이라 칭하신 하나님

성공한 사람은 마음속에 깊은 것을 나눌 수 있는 진정한 벗을 소유한 인생이라고 말들을 합니다. 참다운 벗이란 눈빛만 보아도 대화가 통하는 사이라 할까요? 마음과 마음이 통하는 사이를 벗이라 칭할 것입니다. 참으로 마음속 깊은 대화가 오갈 수 있는 사이를 진정한 벗이라 할 수 있을 것입니다.

하나님은 아브라함을 택하여 갈대아 우르에서 불러내시고, 믿음의 조상으로 삼으셨습니다. 하나님은 믿음으로 행하는 아브라함을 향하여 벗이라 칭하셨습니다.

그러나 나의 종 너 이스라엘아

내가 택한 야곱아 나의 벗 아브라함의 자손아

(사 41:8)

이에 성경에 이른 바 이브라함이 하나님을 믿으니
이것을 의로 여기셨다는 말씀이 이루어졌고
그는 하나님의 벗이라 칭함을 받았나니

(약 2:23)

우리 하나님, 주님께서는 전에 이 땅에 사는 사람들을
주님의 백성 이스라엘 앞에서 쫓아내시고,
그 땅을 주님의 벗 아브라함의 자손에게
길이 주신 분이 아니십니까?

(대하 20:7/새번역)

이상에서 살펴본 바와 같이 아브라함과 말하며, 아브라함에 대하여 하나님의 벗이 됨을 강조하고 있는 것입니다. 무릇 벗은 마음으로 주고받는 대화의 상대를 말한다고 생각합니다. 이를 생각할 때에 하나님은 마음과 마음이 서로 통하는 진정한 벗을 원하신 것입니다. 예수님도 사랑하는 제자들을 향하여 '친구(벗)'라고 하셨습니다.

이제부터는 너희를 종이라 하지 아니하리니
종은 주인이 하는 것을 알지 못함이라

너희를 친구라 하였노니

내가 내 아버지께 들은 것을 다 너희에게 알게 하였음이라

(요 15:15)

"너희를 친구라 하였노니"라는 말씀의 참 의미는 모든 것을 함께 나눌 수 있는 대화의 상대자로 인정하시겠다는 이야기입니다. 그러므로 이제부터는 하나님 아버지께 들은 것을 숨김없이 다 이야기하며 대화하며 함께 나누겠다는 뜻입니다.

대화의 장으로 부르시는 하나님

여호와께서 말씀하시되 오라 우리가 서로 변론하자

너희의 죄가 주홍 같을지라도 눈과 같이 희어질 것이요

진홍 같이 붉을지라도 양털 같이 희게 되리라

(사 1:18)

이르시되 너희는 나를 누구라 하느냐?

(마 16:15)

이르되 내신다 하고 집에 들어가니

예수께서 먼저 이르시되 시몬아 네 생각은 어떠하냐

세상 임금들이 누구에게 관세와 국세를 받느냐

자기 아들에게냐 타인에게냐

(마 17:25)

너희 생각에는 어떠하냐
만일 어떤 사람이 양 백 마리가 있는데
그 중의 하나가 길을 잃었으면
그 아흔아홉 마리를 산에 두고 가서 길 잃은 양을 찾지 않겠느냐

(마 18:12)

그러나 너희 생각에는 어떠하냐
어떤 사람에게 두 아들이 있는데 맏아들에게 가서 이르되
얘 오늘 포도원에 가서 일하라 하니

(마 21:28)

위와 같은 말씀들은 대화로 부르시는 하늘의 음성입니다. 이러한 말씀들이 바로 우리 모두를 대화의 장으로 초청하는 하나님의 음성이며, 은혜의 장으로 초청하는 말씀들입니다. 우리는 성경인 하나님의 말씀들을 통하여 대화라는 초대장을 받아 보게 됩니다. 창조주 되시는 하나님이시며, 만왕의 왕이요, 만주의 주가 되시는 하나님이 우리를 대화의 장으로 부르셨다는 사실 자체가 은혜요, 축복이며 영광입니다.

사단과 대화를 나누면 악에 빠지게 되고 결국에는 멸망의 길을 걷게 됩니다. 그러나 하나님과 대화를 나누면 생명의 길을 알게 되고 영생의 길을 걷게 됩니다. 그렇기에 하나님을 가까이해야 하며, 사단은 대적하며 물리쳐야만 합니다.

예수님은 이같이 말씀하셨습니다.

볼지어다 내가 문 밖에 서서 두드리노니
누구든지 내 음성을 듣고 문을 열면
내가 그에게로 들어가 그와 더불어 먹고
그는 나와 더불어 먹으리라

(계 3:20)

이 말씀을 통하여 예수님이 우리에게 요구하시는 것, 즉 내 음성을 듣고 문을 열라는 것은 문을 열면 들어가서 함께 먹고 마시는 데 목적이 있는 것이 아니라, 서로가 마음속 깊은 대화를 하자는 것입니다.

그럼에도 불구하고 하나님께서 인생 중에서 대화의 상대를 찾지 못한 이유는 무엇이었을까요? 그들은 하나님 앞에 대화가 불가능한 사람들이었기에 그렇습니다. 비록 그들이 하나님의 형상을 가졌고, 하나님의 모양은 갖추었으나 사단에 온전히 매인 자들이요, 사단의 자식들이 되었던 것입니다. 하나님이 보실 때의 그들의 실상은 살았다 하는 이름은 있으나 실상은 죽은 자들이요, 대화가 불가능한 자들이며, 마음과 마음을 통할 수 없는 자들이었습니다.

성경은 이것에 대하여 그들의 상태를 이렇게 증거하고 있습니다.

사데 교회의 사자에게 편지하라
하나님의 일곱 영과 일곱 별을 가지신 이가 이르시되
내가 네 행위를 아노니
네가 살았다 하는 이름은 가졌으나 죽은 자로다

(계 3:1)

하나님께서 세상을 굽어보시며, 살펴보신즉 하나같이 악에 치우쳤으며, 하나님 앞에 살았다 하는 이름은 있으나 실상은 죽은 자이기에 대화가 불가능했던 것입니다. 이 같은 세상이었기에 하나님은 당신의 영을 불어넣어 주시어 마음의 대화가 가능한 아담을 창조하시었고, 아담과 대화를 나눌 장소로써 동방의 에덴에 동산을 새로이 창설하신 것입니다.

하나님께서 안식을 얻지 못한 셋째 이유 :
인생 중에서 하나님의 한없는 사랑을 쏟아부을 대상을 찾지 못하였기 때문입니다.

하나님은 사랑이시라 하였습니다. 하나님은 사랑의 본질이시며, 사랑 자체이십니다. 사랑으로 충만하신 분이십니다. 사랑이 넘치는 하나님은 사랑을 쏟아부을 대상이 필요하였습니다. 그러나 악에 치우친 인생들에게서 하나님의 사랑을 쏟아부을 대상을 찾지를 못하였습니다.

사랑하는 자들아 우리가 서로 사랑하자
사랑은 하나님께 속한 것이니
사랑하는 자마다 하나님으로부터 나서 하나님을 알고
사랑하지 아니하는 자는 하나님을 알지 못하나니
이는 하나님은 사랑이심이라

(요일 4:7-8)

진정한 안식과 만족함은 자기 속에 넘치는 끼를 발산한 후에 참 만족과 마음의 평안함을 느낀다고 하였습니다. 이렇게 자기 속에 있는 끼를 발산하지 못하면 우울하고, 기쁨이 없으며, 이것이 심하면 심지어는 마음에 불안감을 느끼기도 한답니다. 여기서 '끼'라 함은 마음속에 품고 있는 그 무엇인가에 대한 열정을 말하는 것입니다. 당신의 마음속에는 무엇에 대한 열정이 있습니까? 이 열정이 제대로 발산되고, 성숙하면 그 인생은 성공적인 인생이 되고 자신에 대한 참 만족을 얻지만, 그렇지 못할 때에는 마음에 갈증을 해결하지 못하여 우울해하기도 하고, 때로는 절망에 이르기도 하는 것입니다.

하나님의 열정은 무엇인가요?

하나님은 사랑의 본질이십니다. 하나님은 사랑이십니다. 그러므로 하나님의 말씀을 인생에게 주시며, 율례와 계명과 법도를 인생에게 주심도 인생을 향한 하나님 사랑에 근거한 것입니다. 하나님의 기쁨이요, 참 안식은 하나님 안에 있는 충만하신 사랑을 가지고 인생을 향하여 그 사랑을 마음껏 부으시는 것입니다.

하나님의 형상을 따라 하나님의 모양대로 창조하신 인생(창 1:26)들이 사단에게 메인 바 되어 항상 악할 뿐임을 보시고 사랑의 대상을 찾지 못한 하나님은 사랑을 쏟을 대상으로 아담을 창조하시되 이번에는 하나님의 형상과 모양대로만 창조하신 것이 아니라, 아담을 흙으로 빚어 모양과 형상을 따라 만드시고 여기에 하나님의 영을 불어넣기까지 하여 생령이 되게 하사 사랑의 대상으로 새로이 창조하신 것입니다.

하나님 사랑 : 세상을 향한 크신 사랑

이 사랑에 대하여 성경은 이렇게 증거하고 있습니다.

하나님이 세상을 이처럼 사랑하사 독생자를 주셨으니

이는 그를 믿는 자마다 멸망하지 않고

영생을 얻게 하려 하심이라

(요 3:16)

이 말씀은 하나님이 영으로 창조된 아담까지 결국 범죄하여 멸망에 이르게 되고 영생의 길을 잃어버리게 되자, 이제는 친히 육신을 입고 세상에 오사 십자가를 통하여 인류의 죄를 대속하사 구원의 길을 허락하신 하나님의 크고 넘치는 사랑을 노래한 것입니다.

예수님 사랑 : 보다 더 큰 사랑이 없는 사랑

사람이 친구를 위하여 자기 목숨을 버리면

이보다 더 큰 사랑이 없나니

너희는 내가 명하는 대로 행하면 곧 나의 친구라

이제부터는 너희를 종이라 하지 아니하리니

종은 주인이 하는 것을 알지 못함이라

너희를 친구라 하였노니

내가 내 아버지께 들은 것을 다 너희에게 알게 하였음이라

(요 15:13-15)

인생을 향한 예수님의 사랑을 가르쳐 친구를 위하여 목숨을 버리는 사랑이라 하셨습니다. 예수님은 이 땅에 육신을 입고 오셔서 우리를 기꺼이 친구로 삼아 하나님의 뜻을 모두 알게 하시며, 또한 우

리를 위하여 십자가에서 목숨을 버려 우리 앞에 영생의 길을 열어 놓으셨습니다. 더할 나위 없는 사랑을 주신 것입니다.

성령님 사랑 : 개개인을 위한 각별하신 사랑

그러므로 내가 너희에게 알리노니
하나님의 영으로 말하는 자는
누구든지 예수를 저주할 자라 하지 아니하고
또 성령으로 아니하고는
누구든지 예수를 주시라 할 수 없느니라

(고전 12:3)

이와 같이 성령도 우리의 연약함을 도우시나니
우리는 마땅히 기도할 바를 알지 못하나
오직 성령이 말할 수 없는 탄식으로
우리를 위하여 친히 간구하시느니라

(롬 8:26)

인생을 향한 성령님의 사랑은 멸망의 길에 있는 인생을 위하여 독생자 예수를 처녀의 몸에 잉태하게 하사 이 땅에 구원의 길을 열어 놓으셨고, 목이 곧은 인생에게 예수님이 구세주임을 알게 하사 주라 시인하게 하시고, 어리석은 인생을 위하여 하나님의 생명의 말씀을 깨닫게 하시며, 마땅히 기도할 바를 알지 못하는 인생을 위하여 말할 수 없는 탄식으로 기도하여 주시는 것입니다.

이상에서 살펴본 것처럼 성부, 성자, 성령의 차고 넘치는 사랑을 받을 만한 인생을 찾지를 못하신 하나님은 참 안식을 누리지를 못하신 것입니다.

하나님께서 안식을 얻지 못한 넷째 이유 :
하나님이 창조하신 세상에 평화와 안위가 사라졌기 때문입니다.

하나님은 평화의 하나님이시며, 안위의 하나님이십니다. 하나님은 세상을 창조하시며 기대하신 것은 세상의 평화였다고 생각합니다. 오늘날까지 인류의 역사는 분쟁과 싸움과 투쟁이 역사라 하여도 과언이 아닐 것입니다. 그러나 이러한 분쟁과 싸움과 투쟁의 역사를 일컬어 나름대로 평화를 얻고자 하는 것이라고 사람들은 주장합니다. 물론 서로 다른 이념을 가지고 다투며 자신들의 유익을 두고 싸우지만, 그 밑바닥에는 나름대로 평화를 추구하는 다툼이라고 생각합니다. 그러나 하나님을 떠난 인생들, 사단에게 사로잡혀 행하는 것마다 죄악이요, 생각하고 계획하는 것마다 악한 인생들에게서 평화를 기대하는 것 자체가 무리일 것입니다.

여호와 하나님께서 이 땅 위에 예수 그리스도를 보내심은 평화를 위한 것이라 하였습니다.

> 오늘 다윗의 동네에 너희를 위하여 구주가 나셨으니
> 곧 그리스도 주시니라
> 너희가 가서 강보에 싸여 구유에 뉘어 있는 아기를 보리니
> 이것이 너희에게 표적이니라 하더니
> 홀연히 수많은 천군이 그 천사들과 함께
> 하나님을 찬송하여 이르되
> 지극히 높은 곳에서는 하나님께 영광이요
> 땅에서는 하나님이 기뻐하신 사람들 중에
> 평화로다 하니라
>
> (눅 2:11-14)

하늘에 영광과 땅 위에 평화,
이것이 예수 그리스도께서 육신을 입고 이 땅에 오신 목적입니다.

누가복음 19장 28절부터 44절의 내용을 보면, 예수님께서 십자가를 앞에 두고 제자들과 함께 예루살렘을 향하여 나아가셨습니다. 예수님께서 제자들과 함께 감람산 벳바게에 이르렀을 때에 제자 중 둘을 보내시며 말씀하시기를 "너희는 맞은편 마을로 가라 그리로 들어가면 아직 아무도 타 보지 않은 나귀 새끼가 매여 있는 것을 보리니 풀어 끌고 오라 만일 누가 너희에게 어찌하여 푸느냐 묻거

든 말하기를 주가 쓰시겠다" 하라 말씀하셨습니다. 예수님의 분부를 받은 제자들이 마을에 들어가매 아니나 다를까 나귀 새끼가 매여 있는 것을 보고 풀어 끌고 오려고 하니 나귀 새끼의 주인이 물었습니다. "여보시오. 당신들은 누구요? 어찌하여 나귀 새끼를 푸는 거요?" 제자들이 그 주인에게 말하기를 "주께서 쓰시겠답니다"라고 하였습니다. 이에 그 주인이 더 묻지 않고 매여 있는 나귀 새끼를 풀어 끌고 가는 것을 허락하였습니다. 제자들이 나귀 새끼를 끌고 와서 자기들의 겉옷을 나귀 새끼 위에 걸쳐 놓고 예수님을 태우고 갈 때에 모인 무리가 자기들의 겉옷을 벗어 길에 펼쳐 놓았습니다. 예수님과 제자들의 일행이 예루살렘을 향하는 중에 제자의 온 무리가 자기들이 본 바 예수님이 행하신 모든 능한 일로 인하여 기뻐하며 큰 소리로 하나님을 찬양하였습니다.

찬송하리로다 주의 이름으로 오시는 왕이여
하늘에는 평화요 가장 높은 곳에는 영광이로다

(눅 19:38)

이 광경을 보신 예수님은 말씀하셨습니다.

내가 너희에게 말하노니
만일 이 사람들이 침묵하면 돌들이 소리 지르리라

(40절)

82

일행이 예루살렘 성 가까이 이르렀을 때에 예수님은 성을 보시며 눈물을 흘리시며 말씀하셨습니다.

> 너도 오늘 평화에 관한 일을 알았더라면
> 좋을 뻔하였거니와 지금 네 눈에 숨겨졌도다
>
> (42절)

예수님은 평화를 위하여 이 땅에 오셨고, 예루살렘 성에 입성하려 하셨으나 예루살렘 성의 모든 무리는 평화에 관한 일을 알지 못하기에 이를 슬퍼하신 것입니다.

하나님께서 친히 창조하신 천지 만물과 인생들에게서 평화를 찾아볼 수 없으며 이로써 세상에 평강과 안위가 사라졌기에 하나님의 안식이 무너지고 깨어진 것입니다. 예수 그리스도는 깨어진 평화를 회복하시기 위하여 이 땅에 육신을 입고 오셨으며, 우리 또한 이 평화를 위하여 부르심을 받은 것입니다.

먼저는 자신 안에서의 평화를 이루어야 합니다.

> 그리하면 모든 지각에 뛰어난 하나님의 평강이
> 그리스도 예수 안에서 너희 마음과 생각을 지키시리라
>
> (빌 4:7)

그다음으로는 이웃과의 평화를 이루어야 합니다.

> 그리스도의 평강이 너희 마음을 주장하게 하라
> 너희는 평강을 위하여 한 몸으로 부르심을 받았나니
> 너희는 또한 감사하는 자가 되라
>
> (골 3:15)

끝으로 평화의 하나님을 믿음으로 의지하여야 합니다.

사람은 사단을 이길 힘이 없습니다. 사단을 굴복시키지 않는 한 결코 평화로 인한 평강과 안위를 얻을 수 없습니다. 그러기에 사단을 우리의 발아래 굴복시킬 수 있는 권능의 여호와 하나님을 의지하여 도우심을 간구하여야 합니다.

> 평강[1]의 하나님께서 속히 사탄을
> 너희 발 아래에서 상하게 하시리라
> 우리 주 예수의 은혜가 너희에게 있을지어다
>
> (롬 16:20)

하나님께서 천지와 만물 및 인간을 창조하심은 평화를 전제로 계획한 것입니다. 그러나 사단의 간계로 죄악이 세상에 들어오고 이

---

1) 개정판 성경에서 '평강'이라 번역된 단어는 영어 성경에서의 PEACE(평화)를 번역한 것입니다. 공동번역판 성경에서는 평강이 아닌 평화로 쓰여 있습니다. 그러므로 성경에서 평강과 평화는 같이 의미로 쓰여진 단어입니다.

로 인하여 세상의 평화는 깨어진 것입니다. 결국 하나님의 안식도 깨어진 것입니다.

 이상에서 살펴본 바와 같이 하나님께서 안식을 얻지 못한 첫째 이유는 인생 중에서 선한 자를 찾지를 못하였기 때문입니다. 인생들이 사단의 유혹을 받아 죄악에 치우쳤고, 생각하고 계획하는 것마다 항상 악이었으며, 이것이 하나님의 기쁨이 되지 못하였고, 도리어 슬픔이 되었습니다. 둘째 이유는 대화의 상대를 찾지 못하였기 때문입니다. 셋째 이유는 인생 중에서 하나님의 한없는 사랑을 쏟아부을 대상을 찾지 못하였기 때문입니다. 하나님은 사랑이십니다. 그런데 인생 중에 하나님의 사랑을 받을 만한 인생이 없었습니다. 넷째 이유는 하나님이 창조하신 세상에 평화와 안위가 사라졌기 때문입니다.

 이러한 이유들로 하나님의 안식은 깨어지고 말았습니다.

사단의 권세에 내어 준 세상

사단의 미혹을 받아 악에 치우친 사람들에 대하여
하나님은 일체 오래 참으심으로

사람들이 악을 버리고 선으로 돌이켜
하나님과 교제가 가능하기를 기다리셨으나,

사람들의 죄악이 세상에 가득하고,
마음으로 계획하는 모든 생각이
항상 악할 뿐임을 보셨습니다

제 3 장
사단의 권세에 내어 준 세상

하나님은 세상을 참으로 아름답고, 복되게 창조하셨습니다. 하나님의 말씀대로 창조된 세상의 아름다움을 보신 하나님은 만족하게 여기셨으며, 하나님 보시기에 좋았더라 하셨습니다. 여기에 하나님의 형상과 모양을 따라 사람을 창조하셨습니다. 이어서 그들에게 축복하시며 이르시기를 "생육하고 번성하여 땅에 충만하라, 땅을 정복하라, 바다의 물고기와 하늘의 새와 땅에 움직이는 모든 생물을 다스리라" 하셨습니다. 또한 이들을 위하여 온 지면의 씨 맺는 모든 채소와 씨 가진 열매 맺는 모든 나무를 먹을거리로 허락하셨습니다. 또한 땅의 모든 짐승과 하늘의 모든 새와 생명이 있어 땅에 기는 모든 것에게는 모든 푸른 풀을 먹을거리로 허락하셨습니다.

하나님이 지으신 그 모든 것을 보시니 보시기에 심히 좋았더라

저녁이 되고 아침이 되니 이는 여섯째 날이니라

천지와 만물이 다 이루어지니라

하나님이 그가 하시던 일을 일곱째 날에 마치시니

그가 하시던 모든 일을 일곱째 날에 안식하시니라

하나님이 그 일곱째 날을 복되게 하사 거룩하게 하셨으니

이는 하나님이 그 창조하시며 만드시던 모든 일을 마치시고

그 날에 안식하셨음이니라

(창 1:31-2:3)

천지와 만물과 당신의 형상과 모양을 따라 사람을 창조하신 하나님은 너무도 만족하게 여기셨습니다. 이는 그 만드신 만물이 보시기에 심히 좋았기 때문입니다. 이같이 천지와 만물을 다 이루신 후에 하나님은 안식하셨다고 합니다.

사단이 인생을 유혹하여 삼키다

하나님의 안식은 사단의 역사로 인하여 무참하게 깨어지고 말았습니다. 하나님께서 안식하시는 동안 사단은 교활하게도 아름다운 세상에 독을 풀기 시작하였습니다. 하나님의 형상을 따라 하나님의 모양대로 지음을 받은 사람들의 심령에 악을 심은 것입니다. 사단은 교활하게도 인생들이 선악을 알기 이전 순수한 심령에 악을 심은 것입니다.

하나님의 형상과 모양을 따라 창조된 사람

하나님께서 인생을 창조하실 때의 일에 대하여 성경은 다음과 같이 증거하고 있습니다.

> 하나님이 이르시되
>
> 우리의 형상을 따라 우리의 모양대로 우리가 사람을 만들고
>
> 그들로 바다의 물고기와 하늘의 새와 가축과 온 땅과
>
> 땅에 기는 모든 것을 다스리게 하자 하시고
>
> 하나님이 자기 형상 곧 하나님의 형상대로 사람을 창조하시되
>
> 남자와 여자를 창조하시고
>
> (창 1:26-27)

하나님은 당신의 형상을 따라 당신의 모양대로 사람을 만드셨습니다.

여기서 하나님의 형상과 모양이란 무엇을 말하는 것일까요?

'형상'이라는 단어는 히브리어로 '쩰렘'이라는 단어인데, 이는 '형상', '우상', '사본'이라는 뜻이 담겨 있습니다. 열왕기하 11장 18절에서 동일하게 사용된 '쩰렘'이라는 단어는 '우상'이라고 번역되어 있으며, 시편 39편 6절에서 사용된 단어 '쩰렘'은 '그림자'로 번역되어 있습니다. 그리고 '모양'이라는 단어는 히브리어로 '더무트'라는 단어로서 '유사하다'라는 의미가 있습니다. 그러므로 하나님의 형상이나 하나님의 모양이라는 말이 의미하는 것은 매우 부정확

하게 나타나는 '그림자'에 불과합니다. 즉 이 단어들은 원형에 어느 정도 유사하긴 하나 본질적인 특성에 있어서는 부족하다는 것을 나타냅니다.

결국 이를 종합하면 하나님의 형상과 모양을 따라 창조되었다는 것은 하나님과 유사한 형상과 모양이기는 하나 결코 똑같을 수 없는 그림자에 불과하다는 뜻입니다. 그렇기에 사람이 하나님의 형상을 만들려는 시도를 하나님은 엄격하게 금하고 있습니다.

> 너를 위하여 새긴 우상을 만들지 말고
> 또 위로 하늘에 있는 것이나 아래로 땅에 있는 것이나
> 땅 아래 물 속에 있는 것의 어떤 형상도 만들지 말며
>
> (출 20:4)

> 너희는 스스로 삼가 너희의 하나님 여호와께서
> 너희와 세우신 언약을 잊지 말고
> 네 하나님 여호와께서 금하신
> 어떤 형상의 우상도 조각하지 말라
>
> (신 4:23)

이러므로 사람이 신적 형상을 만들려는 시도는 반드시 그릇될 수밖에 없습니다.

하나님을 알되 하나님을 영화롭게도 아니하며

감사하지도 아니하고

오히려 그 생각이 허망하여지며 미련한 마음이 어두워졌나니

스스로 지혜 있다 하나 어리석게 되어

썩어지지 아니하는 하나님의 영광을 썩어질 사람과 새와

짐승과 기어다니는 동물 모양의 우상으로 바꾸었느니라

(롬 1:21-23)

 역사적으로 인간이 만들어 낸 신화들에 나오는 신들을 살펴보면 각종 형태의 신들을 보게 됩니다. 그러나 이러한 형상들은 모두가 허상이며 결코 하나님의 참 형상은 아닙니다.

 그렇다면 하나님께서 사람을 창조하시며 당신의 형상과 모양을 따라 지으셨음에는 어떤 뜻과 의도가 있을까요?

 1. 사람과 동물과는 근본적으로 다릅니다.

   사람이나 동물이나 흙으로 지음을 받은 것은 똑같으나, 사람을 지으심에 있어서는 짐승과는 다르게 하나님의 형상과 모양을 따라 지음을 받아 하나님을 알만한 것이 그 속에 있으나, 짐승에게는 없습니다.

 2. 사람은 하나님을 닮아 영생하는 존재입니다.

 3. 하나님과 교제가 가능한 존재로 창조되었습니다.

 4. 사람은 자유의지가 있는 존재로서 감성적인 존재이며 희로애락

을 알며 사랑을 아는 존재로 창조되었습니다.

5. 하나님이 창조하신 세상의 모든 피조물을 다스릴 권한이 주어
졌습니다.

6. 세상을 하나님의 의도하신 대로 가꾸어 가야 할 책임이 있습
니다.

하나님이 만드신 존재로서 사람이 이미 창조된 동물들과 근본적
으로 다른 점은 분명합니다. 하나님께서는 사람을 영생하도록 창
조하셨으며, 사람을 하나님 자신만 지닌 영원성이라는 특별한 형상
으로 창조하셨습니다. 따라서 사람은 다른 피조물보다 훨씬 고등
한 위치를 차지하고 있습니다. 사람은 자신을 만드신 분과 만날 수
있으며, 그분과 교제가 가능하여 하나님의 말씀에 응답하며, 하나
님의 분부하심에 대하여 책임을 질 것이라 기대할 수 있었습니다.

사람은 자기를 지으신 창조주에 대해 불순종까지도 선택할 수 있
는 특권을 지닌 자유의지를 지닌 피조물로 창조되었습니다. 사람은
하나님 앞에서 자신의 행위에 대하여 책임을 지는 존재이며, 세상
에서 창조주의 뜻과 섭리를 이행하며 하나님의 계획과 목적을 성취
하도록 지음을 받은 청지기였습니다.

하나님이 이르시되 우리의 형상을 따라 우리의 모양대로
우리가 사람을 만들고 그들로 바다의 물고기와

하늘의 새와 가축과 온 땅과 땅에 기는 모든 것을

다스리게 하자 하시고

하나님이 자기 형상 곧 하나님의 형상대로 사람을 창조하시되

남자와 여자를 창조하시고 하나님이 그들에게 복을 주시며

하나님이 그들에게 이르시되 생육하고 번성하여

땅에 충만하라, 땅을 정복하라,

바다의 물고기와 하늘의 새와 땅에 움직이는

모든 생물을 다스리라 하시니라

(창 1:26-28)

이렇게 지음을 받은 사람들이 사단의 유혹을 받았습니다. 사람들이 선과 악을 분별할 능력이 있기 전에 사단이 사람의 심령에 악을 심으므로 악을 선으로 알고 행하는 사람들이 되었습니다. 사단의 유혹을 받고 미혹을 받은 사람들이 모두 악을 선으로 알고 행하는 자들이 되었고, 결국에는 그들의 행위가 죄악이요, 생각하는 것이나 계획하는 것이 항상 악함을 보신 하나님은 사람들이 악을 버리고 선으로 돌아서기를 기다리셨습니다.

하루를 천년같이, 천년을 하루같이

사단의 미혹을 받아 악에 치우친 사람들에 대하여 하나님은 일체 오래 참으심으로 사람들이 악을 버리고 선으로 돌이켜 하나님과 교제가 가능하기를 기다리셨으나, 사람들의 죄악이 세상에 가득하

고, 마음으로 계획하는 모든 생각이 항상 악할 뿐임을 보셨습니다.

몇천 년이 흘렀을까요? 몇만 년? 혹 몇 억 년의 세월이 흘렀을까요?
하나님께서 인내로 기다리신 세월이!
인생들이 사단의 손에서 벗어나 악에서 돌이키기를 바라며 기다
린 세월이 말입니다.

> 사랑하는 자들아
> 주께는 하루가 천 년 같고 천 년이 하루 같다는
> 이 한 가지를 잊지 말라
>
> (벧후 3:8)

> 여호와는 은혜로우시며 긍휼이 많으시며
> 노하기를 더디 하시며 인자하심이 크시도다
>
> (시 145:8)

시편 기자의 고백처럼, 우리 하나님은 은혜로우시며 긍휼이 많으시
며 노하기를 더디 하시며 인자하심이 크시기에 천 년을 하루같이,
하루를 천 년같이 선한 자를 찾으셨습니다. 사람들이 악을 버리고
선으로 돌아서기를 기다리시며, 죄악 된 행위와 악한 생각과 계획
을 버리고 의로 돌아서기를 바라신 하나님은 결국 사람들에게서 소
망을 보지를 못하였습니다. 마침내 하나님은 창조하신 세상과 사람

들을 사단의 손에 넘기십니다. 하나님께서 사단에게 사람을 넘기시기 전에 그들의 삶이 어떠했는지를 살펴보겠습니다.

구약에서의 증거

여호와께서 하늘에서 굽어보사 모든 인생을 살피심이여
곧 그가 거하시는 곳에서 세상의 모든 거민들을
굽어살피시는도다

(시 33:13-14)

여호와께서 하늘에서 인생을 굽어살피사 지각이 있어
하나님을 찾는 자가 있는가 보려 하신즉
다 치우쳐 함께 더러운 자가 되고
선을 행하는 자가 없으니 하나도 없도다

(시 14:2-3)

여호와께서 사람의 죄악이 세상에 가득함과
그의 마음으로 생각하는
모든 계획이 항상 악할 뿐임을 보시고
땅 위에 사람 지으셨음을 한탄하사 마음에 근심하시고

(창 6:5-6)

신약에서의 증거

하나님의 진노가 불의로 진리를 막는
사람들의 모든 경건하지 않음과
불의에 대하여 하늘로부터 나타나나니
이는 하나님을 알 만한 것이 그들 속에 보임이라
하나님께서 이를 그들에게 보이셨느니라

창세로부터 그의 보이지 아니하는 것들
곧 그의 영원하신 능력과 신성이
그가 만드신 만물에 분명히 보여 알려졌나니
그러므로 그들이 핑계하지 못할지니라

하나님을 알되 하나님을 영화롭게도 아니하며
감사하지도 아니하고
오히려 그 생각이 허망하여지며 미련한 마음이 어두워졌나니
스스로 지혜 있다 하나 어리석게 되어
썩어지지 아니하는 하나님의 영광을 썩어질 사람과
새와 짐승과 기어다니는 동물 모양의 우상으로 바꾸었느니라

그러므로 하나님께서 그들을 마음의 정욕대로
더러움에 내버려 두사 그들의 몸을 서로 욕되게 하셨으니

이는 그들이 하나님의 진리를 거짓 것으로 바꾸어 피조물을
조물주보다 더 경배하고 섬김이라
주는 곧 영원히 찬송할 이시로다 아멘

이 때문에 하나님께서 그들을 부끄러운 욕심에
내버려 두셨으니 곧 그들의 여자들도 순리대로 쓸 것을
바꾸어 역리로 쓰며 그와 같이 남자들도 순리대로
여자 쓰기를 버리고 서로 향하여 음욕이 불 일듯 하매
남자가 남자와 더불어 부끄러운 일을 행하여
그들의 그릇됨에 상당한 보응을 그들 자신이 받았느니라

또한 그들이 마음에 하나님 두기를 싫어하매
하나님께서 그들을 그 상실한 마음대로 내버려 두사
합당하지 못한 일을 하게 하셨으니

곧 모든 불의, 추악, 탐욕, 악의가 가득한 자요
시기, 살인, 분쟁, 사기, 악독이 가득한 자요 수군수군하는 자요
비방하는 자요 하나님께서 미워하시는 자요 능욕하는 자요
교만한 자요 자랑하는 자요 악을 도모하는 자요
부모를 거역하는 자요
우매한 자요 배약하는 자요 무정한 자요 무자비한 자라

그들이 이같은 일을 행하는 자는 사형에 해당한다고

하나님께서 정하심을 알고도 자기들만 행할 뿐 아니라

또한 그런 일을 행하는 자들을 옳다 하느니라

(롬 1:18-32)

위에서 구약과 신약을 살펴보아 그 증거를 얻은 것처럼 사단에게 매인 바 된 사람들의 삶이 이렇기에 하나님께서는 이들에게서 더 이상의 희망을 볼 수가 없었습니다. 이제 하나님께서는 그들에게서 손을 떼어 사단의 손에 넘기신 것입니다.

하나님께서 사단의 손에 인생을 넘기신 사건을 성경은 이렇게 표현하고 있습니다.

"그들을 마음의 정욕대로 더러움에 내버려 두사"

"그들을 부끄러운 욕심에 내버려 두셨으니"

"그들을 그 상실한 마음대로 내버려 두사"

이 표현은 하나님께서 그들에 대한 당신의 관여하심을 포기하셨다는 말입니다. 그들에게 더 이상 관여하지 않겠다는 말입니다. 그들에게서 마음을 돌리신 것입니다. 관계를 끊겠다는 말입니다. 하나님께서 그들에게서 마음을 돌려 더 이상 관여하지 않고 관계를 끊음으로 인하여 그들은 사단의 손에 완전히 넘겨졌던 것입니다.

예수님을 시험하던 사단이 예수님을 향하여 한 말을 기억하시나요?

마귀가 또 예수를 이끌고 올라가서
순식간에 천하 만국을 보이며
이르되 이 모든 권위와 그 영광을 내가 네게 주리라
이것은 내게 넘겨 준 것이므로 내가 원하는 자에게 주노라
그러므로 네가 만일 내게 절하면 다 네 것이 되리라

(눅 4:5-7)

사단은 이렇게 주장합니다.

세상의 천하만국을 창조주 하나님으로부터 넘겨받았다고 말합니다. 그리하여 사단은 세상의 모든 부귀와 권세와 영광이 나의 것이라 주장합니다. 예수님은 마귀가 주장하는 이 말을 부정하지 않았습니다. 이제까지 창조된 남자와 여자들, 모든 사람이 행하는 것처럼 너도 나에게 엎드려 경배하며 절한다면 내가 너에게 천하와 만국의 모든 권위와 영광을 너에게 주겠노라 말하며 예수님을 유혹하였습니다.

세상의 모든 사람이 사단의 유혹을 받아 사단의 손아귀에 들어간 독사의 자식들이 되고 말았습니다. 이에 대하여 성경의 증거는 이렇습니다.

독사의 자식들아

너희는 악하니 어떻게 선한 말을 할 수 있느냐

이는 마음에 가득한 것을 입으로 말함이라

(마 12:34)

뱀들아 독사의 새끼들아

너희가 어떻게 지옥의 판결을 피하겠느냐

(마 23:33)

사단은 이제 세상의 권세자가 되었으며, 세상의 부귀와 영화를 좌지우지하는 힘을 가지게 되었습니다. 이제 우리는 이해하게 되었습니다. 어찌하여 하나님은 아담을 새로이 창조하셔야 했으며, 아담이 거주할 특별한 장소가 필요하였는지를 깨닫게 되었습니다.

아담은 하나님이 세상에 창조하신 최초의 사람이 아닙니다

이제 분명하여진 것은 아담은 인류의 시조가 아니라는 사실입니다. 아담은 단지 하나님과 교제가 가능한 하나님의 영을 받은 사람으로 새로이 창조되었습니다. 하나님의 영을 받아 창조된 아담은 이전 사람들과는 달리 하나님과 교제가 가능하게 되었고, 선하신 하나님의 기쁨이 되었으며, 하나님의 사랑을 받기에 합당한 사람으로 창조되었습니다. 이러한 아담에게는 타락한 세상으로부터 보호해야 할 장소가 필요했습니다. 그리하여 동방의 에덴을 특별히 택하여 아름답게 꾸미시고 그 동산에 아담이 기거하도록 세상과 구별되게 하신 것입니다.

 결과적으로 선하신 하나님은 참 안식을 얻고자 악에 물들지 아니한 '아담'을 창조하셨고, 마음으로 생각하는 모든 계획이 항상 악할 뿐인 이전에 창조하신 사람들과는 구별하여, 그들과의 교제를 차단하고 아울러 사단으로부터 보호하고자 동방의 에덴을 구별하여 아름다운 동산으로 꾸미고 아담을 그곳에 거하게 하신 것입니다.

하나님은 에덴동산을 왜 만드셨을까?

사단에게 유혹을 받아 사단에게 매인 바 되고
이로 인하여 사람들의 죄악이 세상에 관영하여지고

모든 행하는 일이 악할 뿐임을 보신 선하신 하나님은
이전에 창조하신 세상과 사람들을 사단에게 넘기신 후에,

당신이 거니실 만한 장소,
죄로 물들지 아니한 장소를 마련하시고자
동방의 에덴을 택하신 것입니다.

제 4 장
하나님은 에덴동산을 왜 만드셨을까?

하나님께서 이미 창조하신 아름답고 화려한 세상, 하나님이 보시기에 "참으로 좋았더라" 하고 감탄을 하실 정도의 복된 세상을 제쳐두고 동방에 에덴을 구별하여 아름답고 복되게 새로이 꾸미는 것이 하나님께 필요하였을까 하고 묻는다면 이에 대하여 성급한 답변을 먼저 드린다면 "예 그렇습니다. 반드시 필요하였습니다"라고 답을 드릴 수 있습니다.

제3장에서 세상의 타락과 죄악으로 가득하여진 세상, 이로 인하여 결국 사단에게 넘겨진 세상에 대하여 말씀을 드렸습니다. 하나님께서 세상을 창조하심은 하나님께서 의도하시는 바가 있었고, 그 의도하시는 바가 뜻하지 않은 방향으로 흘러갔으며, 마침내 세상은 하나님 보시기에 더 이상 하나님께 기쁨이 되지 못하였습니다. 세

상을 바라보시는 하나님의 눈은 기쁨과 즐거움보다는 슬픔과 탄식으로 가득하게 되었습니다.

하나님의 정원으로서의 세상

하나님께서 세상을 창조하신 목적으로는 하나님의 정원으로서의 세상을 만드시고자 하는 의도가 있다는 생각을 가지게 됩니다. 언제 어디서나 세상을 거닐며, 친히 창조하신 세상 만물을 바라보시며 기쁨과 즐거움을 만끽하시면서, 하나님의 형상과 모양을 따라 창조하신 사람들과 교제하시는 것이 하나님의 의도하시는 바였습니다.

이를 뒷받침하는 말씀이 바로 여기에 있습니다.

> 땅으로도 하지 말라 이는 하나님의 발등상임이요
> 예루살렘으로도 하지 말라 이는 큰 임금의 성임이요
>
> (마 5:35)

마태복음 5장 35절에서 '땅은 하나님의 발등상'이라는 말씀이 있습니다. '발등상'이라는 말은 '발판, 혹은 발을 얹는 곳'을 말합니다. 여기서 우리는 땅(세상)은 하나님의 발걸음이 머무는 곳, 하나님께서 친히 거니시는 곳이라 이해하는 것이 타당하다는 생각을 하게 됩니다. 이를 보여 주는 말씀이 있습니다. 우리는 에덴동산에서의 사건을 근거로 하여 이 사실을 밝혀 보고자 합니다.

하나님께서는 동방의 에덴을 구별하여 아름다움 동산을 창설하시고, 그 땅에 보기에 아름답고 먹기에 좋은 나무를 나게 하셨으며, 특별히 동산 가운데에는 생명나무와 선악을 알게 하는 나무도 자라게 하셨습니다.

> 여호와 하나님이 그 사람에게 명하여 이르시되
> 동산 각종 나무의 열매는
> 네가 임의로 먹되 선악을 알게 하는 나무의 열매는 먹지 말라
> 네가 먹는 날에는 반드시 죽으리라 하시니라
>
> (창 2:16-17)

하나님이 명하신 "네가 먹는 날에는 반드시 죽으리라" 하신 명을 어기고 선악을 알게 하는 나무의 열매를 따 먹은 후에 동산에 거니시는 여호와 하나님의 소리를 듣고, 여호와 하나님의 낯을 피하여 아담이 하와와 더불어 동산에 있는 나무 사이로 숨었습니다. 이때에 하나님께서 "아담아! 네가 어디 있느냐?" 하고 아담을 찾아 부르십니다. 하나님의 찾으시는 소리를 듣고 아담이 "내가 동산에서 거니시는 하나님의 소리를 듣고 내가 벗었으므로 두려워하여 숨었나이다"라고 대답합니다.

> 그들이 그 날 바람이 불 때 동산에 거니시는
> 여호와 하나님의 소리를 듣고

아담과 그의 아내가 여호와 하나님의 낯을 피하여

동산 나무 사이에 숨은지라

여호와 하나님이 아담을 부르시며

그에게 이르시되 네가 어디 있느냐

이르되 내가 동산에서 하나님의 소리를 듣고

내가 벗었으므로 두려워하여 숨었나이다

(창 3:8-10)

이 대화를 통하여 '동산을 거니시는 하나님'에 대하여 집중해서 생각해 보고자 합니다. 하나님과 아담과의 대화를 통하여 우리가 알수 있는 것은 하나님께서 동산을 거니시는 것은 단순히 한두 번 이루어진 일이 아니라는 사실입니다. 아담이 선악을 알게 하는 나무의 열매를 따 먹고 범죄하기 이전에도 하나님은 수시로 동산을 거니셨으며, 아담과 교제를 나누셨음을 알 수 있는 대목입니다.

그렇다면 처음 세상을 창조하신 의도가 자명해집니다. 수시로 세상을 거니시며 친히 말씀으로 창조하신 세상의 아름다움을 바라보는 것, 이로써 하나님 보시기에 그리도 좋았던 세상을 즐기고자 하시었던 것입니다. 이를 통하여 우리가 짐작할 수 있는 것은 세상을 창조하신 하나님의 의도는 하나님의 정원으로서 세상을 꾸미셨던 것입니다.

에덴에 동산을 창설하시다

그런데 사람들이 사단에게 유혹을 받아 사단에게 매인 바 되고 이로 인하여 사람들의 죄악이 세상에 관영하여지고 모든 행하는 일이 악할 뿐임을 보신 선하신 하나님은 이전에 창조하신 세상과 사람들을 사단에게 넘기신 후에, 당신이 거니실 만한 장소, 죄로 물들지 아니한 장소를 마련하시고자 동방의 에덴을 택하신 것입니다.

여호와 하나님이 동방의 에덴에 동산을 창설하시고
그 지으신 사람을 거기 두시니라

(창 2:8)

하나님께서 동방의 에덴에 동산을 창설하시었음에 대하여 말씀을 하시었는데 여기에 사용된 '동산'이라는 단어는 히브리어로 '간'이라는 단어입니다. 여기서 '간'이라는 히브리어는 채소를 경작할 때 쓰이는 밭을 지칭하기도 하지만 성경에 사용된 이 단어는 대부분은 '왕의 정원'이나 혹은 '개인의 울타리가 있는 뜰'을 의미하며(아 4:12; 왕하 25:4), 성경에서는 무려 42회에 걸쳐 사용되었습니다. 특히 에스겔서에서는 '간'이라는 단어가 '하나님의 동산'이라는 표현으로 사용되었습니다(겔 28:13; 31:8). 다음에 기록하고 있는 성구에서 "잠근 동산, 왕의 동산, 하나님의 동산."이라는 단어는 모두 동일하게 히브리어 "간"이라는 단어입니다.

내 누이, 내 신부는 잠근 동산이요

덮은 우물이요 봉한 샘이로구나

(아 4:12)

그 성벽이 파괴되매 모든 군사가 밤중에

두 성벽 사이 왕의 동산 곁문 길로 도망하여

갈대아인들이 그 성읍을 에워쌌으므로

그가 아라바 길로 가더니

(왕하 25:4)

네가 옛적에 하나님의 동산 에덴에 있어서 각종 보석

곧 홍보석과 황보석과 금강석과 황옥과

홍마노와 낭옥과 청보석과 남보석과 홍옥과 황금으로

단장하였음이여 네가 지음을 받던 날에 너를 위하여

소고와 비파가 준비되었도다

(겔 28:13)

하나님의 동산의 백향목이 능히 그를 가리지 못하며

잣나무가 그 굵은 가지만 못하며 단풍나무가 그 가는

가지만 못하며 하나님의 동산의 어떤 나무도

그 아름다운 모양과 같지 못하였도다

(겔 31:8)

이를 보면 에덴에 동산을 창설하심은 하나님께서 친히 당신의 정원으로서 꾸미신 것이 확실합니다. 그렇기에 하나님께서는 수시로 하나님의 정원인 에덴동산을 거니시며 즐기시었으며, 때때로 아담을 만나 대화를 나누셨던 것입니다.

하나님의 정원으로서의 에덴동산

여기서 우리는 이런 의문이 생깁니다. 왜 하나님은 동방의 에덴에 이같이 하나님의 정원으로 동산을 꾸미시었을까요?

이유는 자명합니다.

창조주 여호와 하나님은 하나님 보시기에 좋은 세상을 꾸미셨으며 이는 하나님의 정원으로 꾸미신 것입니다. 그런데 "하나님 보시기에 좋았더라" 하셨던 하나님의 정원인 세상이 이제는 악한 세상으로 변하여 하나님께서 기쁨으로 거니실 만한 곳이 아니었습니다. 더 이상 세상은 하나님께 즐거움을 주는 정원이 아니었습니다. 하나님이 거니시기에는 부적절한 곳이었습니다. 그것은 선하신 하나님의 눈에 세상이 죄악으로 가득하였기 때문입니다. 이제는 세상이 하나님의 발이 머물 곳이 아니었습니다.

죄악으로 가득하여진 세상을 사단에게 넘긴 하나님은 당신의 발걸음이 머무를 동산이 필요하였습니다. 그리하여 세상의 한편 구석, 동쪽에 자리하고 있는 에덴이라는 지역을 택하시어 하나님의 정원으로서 동산을 다시 꾸미신 것입니다.

아담의 거처로서의 에덴동산

 사단의 간계로 인하여 타락한 사람들의 죄악이 관영하여 타락한 사람들과 그들이 기거하며 활동하는 악한 세상을 사단에게 넘긴 하나님은 새로이 창조할 아담을 위하여 아담이 거할 처소가 필요하였습니다. (아담 창조에 대하여서는 다음 장에서 세밀하게 말씀 드리도록 하겠습니다.)

 만일 창세기 2장의 아담 창조가 새로운 사람의 창조가 아니라, 창세기 1장의 하나님의 형상과 모양을 따라 창조된 사람에 대한 부연 설명에 불과하다면 아담이 거할 처소로서 에덴동산을 새로이 창설할 이유가 없었을 것입니다.

 생각해 보면 해답은 간단합니다.
 하나님께서 세상을 얼마나 아름답게 창조하셨습니까? 온 우주 만상과 해와 달과 별, 산과 들, 공중을 나는 각종 새들과 바다의 어족과 산림의 수목들과 각종 열매 맺는 나무들, 아름다운 꽃을 피우는 식물들 그리고 사람들의 먹거리가 되는 채소들, 이러한 모든 것들로 충만한 세상, 하나님께서 친히 보시기에도 심히 아름다웠던 세상, 온 세상 동서남북 아름답지 않은 곳이 없고, 사람 살기에 전혀 부족함이 없는 곳인데, 어찌하여 굳이 아담(사람)의 거처를 위하여 동방의 에덴, 어찌 생각하면 세상의 한편 구석에 불과한 황무지 같은 에덴을 선택하여 그곳을 동산으로 다시 창설할 이유가 전혀 없다는 말입니다.

그러므로 분명한 것은 아담은 다시 창조하신 새 인류의 조상이며, 이 아담이 거할 거처로서 하나님은 사단의 세력에 붙들린 악한 사람들의 발걸음이 아직까지 미치지 않은 황무지 같은 에덴을 택하여 아름다운 동산으로 꾸미시고, 아담을 사단의 유혹으로 인하여 타락한 악한 사람들과 구별하여 그곳에 거하게 하신 것입니다.

여기서 알 수 있는 것은 하나님께서 아담을 새로이 창조하려 하실 때까지만 해도 동방의 에덴이라는 지역은 하나님께서 천지와 만물을 만드실 때의 상태를 유지하고 있었습니다. 다시 말씀드린다면 죄악으로 더러워진 인생들의 발걸음이 미치지 않은 창조 시의 순수한 태초의 모습을 유지하고 있었습니다. 이를 좀 더 자세히 알기 위하여 창세기 2장 5절에서 8절까지 말씀을 읽어 보겠습니다.

여호와 하나님이 땅에 비를 내리지 아니하셨고
땅을 갈 사람도 없었으므로
들에는 초목이 아직 없었고 밭에는 채소가 나지 아니하였으며
안개만 땅에서 올라와 온 지면을 적셨더라
여호와 하나님이 땅의 흙으로 사람을 지으시고

생기를 그 코에 불어넣으시니 사람이 생령이 되니라
여호와 하나님이 동방의 에덴에 동산을 창설하시고
그 지으신 사람을 거기 두시니라

위의 말씀에서 보다시피, 분명한 것은 동방의 에덴에 동산을 창설하시기 전에 동방의 에덴의 상태가 어떠한가를 말씀 속에서 자세히 설명하고 있습니다.

그러나 더욱 분명한 것이 있습니다.
창세기 1장의 천지 창조의 때와 창세기 2장에서 말하는 '천지가 창조될 때'의 시기가 같지 않다는 사실에 유의해야 합니다. 창세기 1장에서의 최초 창조 때에 대하여 다음과 같이 증거하고 있습니다.

땅이 혼돈하고 공허하며 흑암이 깊음 위에 있고
하나님의 영은 수면 위에 운행하시니라

(창 1:2/개역개정)

땅은 아직 모양을 갖추지 않고 아무것도 생기지 않았는데,
어둠이 깊은 물 위에 뒤덮여 있었고
그 물 위에 하나님의 기운이 휘돌고 있었다

(창 1:2/공동번역)

개역개정과 공동번역을 대조하며 함께 살펴본다면, 창세기 1장에서의 창조 시기는 "땅이 혼돈하고 공허하며, 땅이 아직도 어떠한 형태도 갖추지 않았고, 아무것도 생기지 않았을 때이며 어두움만 깊은 물 위에 뒤덮여 있을 때"였습니다.

그런데 창세기 2장을 보면 천지가 창조될 때의 사건을 이야기하면서 "하늘과 땅의 내력"(4절)을 말하고 있습니다. 하늘과 땅은 언제 만들어졌나요? 하늘과 땅은 창조를 시작하신 후 둘째 날이 되어서야 만든 것입니다. 그러므로 창세기 2장에서는 하늘과 땅이 창조된 이후에 지면의 상태를 설명하고 있는 것이 분명합니다. 그렇기에 창세기 1장의 사건과 창세기 2장의 사건은 시기적으로 같은 때를 말하는 것이 아닙니다.

창세기 2장의 이 말씀이 태초에 천지 창조 당시 자연계의 상태를 말하고 있는 것이 아님을 알아야 합니다. 이 말씀은 오히려 창세기 1장 이후에 인간의 타락으로 인하여 하나님께서 세상을 사단에게 넘기신 이후에 아담 창조를 하시기 바로 직전, 아담이 거할 처소를 마련하기 위하여 살피시는 하나님의 눈에 비친 동방의 에덴의 지역 상태를 설명하고 있는 것으로 보는 것이 타당합니다. 동방의 에덴은 아직도 사람의 발길이 미치지 않은 창조 때의 상태를 유지하고 있었습니다. 사단의 유혹으로 타락한 인간의 손길이 미치지 않은 곳, 아직도 창조 시의 순수함을 유지하고 있는 곳, 이러한 에덴이 새로이 창조할 아담을 거하게 할 적당한 장소였습니다.

다음은 그랜드 종합주석에서 참조한 글입니다.
'들의 초목'과 '밭의 채소'는 지구 온 땅의 풀과 채소와 과목을 의미하지 않는다. 분명 창조 3일째에 땅의 식물은 창조되었다(창 1:11-13). 따라서 본 절은 인간 창조에 초점을 맞춘 기록으로써, 곧 인간 삶의 구체적인 장소가 될 주변 환경의 원시 상태를 묘사한 것뿐이다.[2]

여기서 우리가 생각할 수 있는 3가지가 있습니다.
첫째, 창세기 1장 1절의 천지 창조의 시기와 창세기 2장 4절의 천지 창조의 시기가 같은 때를 이야기하는 것이 아닙니다.
둘째, 창세기 2장 5절에서 말하는 '풀과 채소와 과목'들이 온 땅의 풀과 채소와 과목들을 의미하지 않는다고 하였으니 이는 이미 세상에는 널리 풀과 채소와 과목들이 자라고 있었다는 이야기입니다.
셋째, 본 절은 인간 삶의 구체적인 장소가 될 주변 환경의 원시 상태를 묘사한 것뿐이라는 설명입니다. 그렇다면 그때까지도 동방의 에덴 지역은 천지 창조 시의 원시 상태를 유지하고 있었다는 이야기입니다.

---

2) 편집부, 그랜드 종합주석 『창세기』 (서울: 성거교재간행사, 1997), 343.

이제 우리는 동방의 에덴 지역의 상태를 자세히 살펴보도록 하겠습니다.

> 이것이 천지가 창조될 때에 하늘과 땅의 내력이니
> 여호와 하나님이 땅과 하늘을 만드시던 날에
> 여호와 하나님이 땅에 비를 내리지 아니하셨고
> 땅을 갈 사람도 없었으므로
> 들에는 초목이 아직 없었고 밭에는 채소가 나지 아니하였으며
> 안개만 땅에서 올라와 온 지면을 적셨더라
>
> (창 2:4-6)

땅에 비를 내리지 아니하셨다

창조 둘째 날 하나님께서 물 가운데 궁창을 만드시고, 물과 물로 나뉘어 궁창 위의 물과 궁창 아래의 물로 나뉘라 하시고 궁창을 하늘이라 부르셨습니다. 그렇다면 땅은 언제 만드셨나요?

> 하나님이 이르시되 천하의 물이 한 곳으로 모이고
> 뭍이 드러나라 하시니 그대로 되니라
> 하나님이 뭍을 땅이라 부르시고 모인 물을 바다라 부르시니
> 하나님이 보시기에 좋았더라
> 하나님이 이르시되 땅은 풀과 씨 맺는 채소와
> 각기 종류대로 씨 가진 열매 맺는 나무를 내라 하시니

그대로 되어

땅이 풀과 각기 종류대로 씨 맺는 채소와

각기 종류대로 씨 가진 열매 맺는 나무를 내니

하나님이 보시기에 좋았더라

저녁이 되고 아침이 되니 이는 셋째 날이니라

(창 1:9-13)

땅은 셋째 날이 되어서야 만든 것입니다.

 하늘과 땅이 만들어진 이후에야 비가 땅에 내리게 되는 것이지요. 하나님께서 비를 땅에 허락하신 이후에 땅에 풀과 채소와 나무들이 자라나게 되는 것입니다. 그런데 하나님께서 동방의 에덴 지역에만은 비를 허락하지 아니하심으로 인하여 동방의 에덴에는 들에 초목이 없었고, 밭에 채소가 나지 아니한 것입니다.

 이로 보건대 창세기 2장의 기사는 창세기 1장의 태초의 사건을 말하는 것이 아니며, 이는 창세 이후, 즉 아담을 새로이 창조하시기 전에 에덴 지역의 상태를 설명하기 위한 것이 확실해졌습니다.

땅을 갈 사람이 없었다

 동방의 에덴 지역에 하나님께서 비를 허락하지 아니하시고, 이로 인하여 그곳에 초목이 자라지 못하였고, 밭에 채소가 나지 아니함으로 인하여 땅을 경작할 사람이 없었습니다. 이 말씀은 그때에 지구상에 사람이 없었다는 이야기가 아닙니다. 당시에 하나님이 창조하신 사람들이 온 지면에 흩어져 살고 있었으나, 동방의 에덴까지는 그들의 삶이 미치지 않았다는 이야기입니다.

결과적으로 동방의 에덴이라는 지역은 사람이 거할 수 없는 황무지와 같은 곳이었습니다. 이러한 황무지와 같은 동방의 에덴을 하나님은 택하여 아름답고 복되게 꾸미시고 아담을 새로이 창조하여 그곳에 거하게 한 것입니다. 이것은 새로이 창조한 아담을 타락한 인간에게서 보호하는 길이기도 하였습니다. 이러므로 하나님께서는 동방의 에덴을 구별하시어 그곳에 동산을 아름답고 복되게 창설하시어 하나님의 영을 부어 창조하신 아담을 그곳에 두시고, 에덴 동산을 거니시며, 아담과의 교제를 가지셨습니다.

다른 차원에서 이 사실을 재조명하여 보겠습니다.
만일 아담 창조가 사람들이 사단의 유혹으로 인하여 타락한 후에 새로이 창조된 사람이 아니라, 창세기 1장에서 창조된 사람을 말하며, 아담 창조는 창세기 1장의 인간 창조의 부연 설명에 불과하다고 말한다면 다음과 같은 의문이 생깁니다.

어찌하여 하나님은 아담의 거처를 위하여 이미 창조하신 하나님이 보시기에도 너무도 좋은 아름답고 풍성한 먹거리가 있는 곳들을 제쳐두고 굳이 새로이 동방의 에덴을 구별하여 아담, 즉 사람들을 그곳에 두었을까요? 그때까지 그곳에는 비가 오지 않아 초목도 자라지 않고 채소도 나지 않는 곳이었습니다. 즉 인간이 살아가기에 필요한 먹거리도 없는 곳이었습니다. 그런데 하나님께서 굳이 이런 곳을 택하여 사람이 살만한 곳으로 새로이 만드셔서 사람을 그곳에 두셨다는 주장은 너무나 터무니없는 억지 주장에 불과합니다.

우리가 알아야 할 것은 하나님께서는 최초에 천지와 만물을 창조하시며, 세상을 창조하실 때, 동서남북 온 세상을 복되게 풍요롭게 창조하셨다는 사실입니다. 결코 세상의 한 편 구석에 불과한 동방의 에덴 지역만을 택하여 그곳만을 사람이 살만한 곳으로 창조하신 것이 아닙니다. 그러기에 창세기 2장의 아담 창조는 창세기 1장의 사람 창조의 부연 설명에 불과하다는 해석은 부적절합니다.

결국 동방의 에덴에 동산을 창설하심은 아담을 새로이 창조하기 위해 불가피한 일이었습니다. 죄악에 치우친 세상, 모든 생각하는 것이나 행하는 것이 항상 악할 뿐인 인생들과 구별하기 위하여, 또한 그들로부터 보호하기 위하여 아담을 위한, 아담이 거처할 처소로서 에덴동산은 꼭 필요하였습니다.

거룩하게 구별된 에덴동산

그들이 그 날 바람이 불 때

동산에 거니시는 여호와 하나님의 소리를 듣고

아담과 그의 아내가 여호와 하나님의 낯을 피하여

동산 나무 사이에 숨은지라

여호와 하나님이 아담을 부르시며 그에게 이르시되

네가 어디 있느냐

이르되 내가 동산에서 하나님의 소리를 듣고

내가 벗었으므로 두려워하여 숨었나이다

이르시되 누가 너의 벗었음을 네게 알렸느냐

내가 네게 먹지 말라 명한 그 나무 열매를 네가 먹었느냐

아담이 이르되 하나님이 주셔서 나와 함께 있게 하신 여자

그가 그 나무 열매를 내게 주므로 내가 먹었나이다

여호와 하나님이 여자에게 이르시되

네가 어찌하여 이렇게 하였느냐

여자가 이르되 뱀이 나를 꾀므로 내가 먹었나이다

(창세기 3:8-13)

위의 말씀은 에덴동산을 찾아와 동산을 거니시는 여호와 하나님에 대하여 말씀하고 있습니다. 여호와 하나님이 동산을 찾아 거니신 것이 어쩌다 있는 한두 번의 사건이 아니라 수시로 행하신 행위임을 보여 줍니다.

에덴동산에 오셔서 특별히 아담을 찾으시며, 대화를 나누시는 하

나님, 하와를 향하여 부르시어 행함에 이유를 물으시는 하나님의 행하심은 평소에 그들과 자유로운 만남과 대화를 이어왔다는 것을 보여 주고 있습니다. 이같이 에덴동산은 하나님께서 아담과 하와로 더불어 만남의 장소로 사용하셨음을 보게 됩니다. 그렇기에 에덴동산은 세상의 다른 곳과는 달리 하나님이 친히 거니신 거룩히 구별된 동산이었습니다.

호렙산에서 모세를 만나신 하나님

모세가 그의 장인 미디안 제사장 이드로의 양 떼를 치더니
그 떼를 광야 서쪽으로 인도하여 하나님의 산 호렙에 이르매
여호와의 사자가 떨기나무 가운데로부터 나오는 불꽃 안에서
그에게 나타나시니라 그가 보니 떨기나무에 불이 붙었으나
그 떨기나무가 사라지지 아니하는지라
이에 모세가 이르되 내가 돌이켜 가서 이 큰 광경을 보리라
떨기나무가 어찌하여 타지 아니하는고 하니 그 때에
여호와께서 그가 보려고 돌이켜 오는 것을 보신지라
하나님이 떨기나무 가운데서 그를 불러 이르시되
모세야 모세야 하시매 그가 이르되 내가 여기 있나이다
하나님이 이르시되 이리로 가까이 오지 말라
네가 선 곳은 거룩한 땅이니 네 발에서 신을 벗으라

(출 3:1-5)

위의 말씀은 여호와 하나님이 떨기나무 불꽃 가운데서 나타나셔서 모세를 만나시는 장면입니다. 불이 붙은 떨기나무가 어찌하여 타지 않을까 하여 이를 알아보고자 가까이 다가오는 모세를 불러 세우신 하나님은 모세를 향하여 이같이 말씀하십니다.

"모세야! 이리로 가까이 오지 말라
 네가 선 곳은 거룩한 땅이니 네 발에서 신을 벗으라."

하나님이 서 계신 곳이기에 그곳은 "거룩한 곳, 성스러운 곳"이라고 합니다. 에덴동산은 하나님이 친히 창설하셨고, 하나님이 친히 걸으신 곳입니다. 그러므로 에덴동산은 거룩히 구별된 동산이었습니다. 에덴동산은 하나님께서 특별히 구별하여 창설하시고 하나님께서 수시로 찾아와 거니신 곳으로 거룩하게 구별된 동산이었습니다. 그러므로 범죄한 아담을 그곳에 둘 수 없어 하나님은 아담과 하와를 범죄한 후에 그들을 에덴동산에서 쫓아내신 것입니다.

인생과 교제하는 장소로서의 에덴동산

하나님이 인생을 창조하신 가장 큰 목적은 인생과 교제하며 사랑을 베푸시는 것이었습니다. 창세기 1장에서 창조된 인생들이 사단에게 미혹을 받아 타락함으로 인하여 하나님과 교제가 끊어졌고, 그들은 사단에게 매인 바 되어 하나님을 찾는 자들이 아니었습니다. 이에 하나님은 하나님과 교제가 가능한 아담을 지으시되 하나님의 영을 부어 지으심으로 아담은 완전하게 하나님과 소통하는 자가 되었습니다. 하나님은 당신께서 친히 선택하시고 거룩하게 구별하여 창설하신 에덴동산에 아담을 거하게 하여 그곳에서 아담과 아름답고 복되고 거룩한 교제를 가지신 것입니다.

하나님께서 에덴동산에 두신 것
첫째 : 아담

하나님은 아담을 하나님의 영으로 지음을 받은 자로서 하나님과의 거룩한 교제를 위하여, 아울러 하나님의 무한한 사랑의 대상으로서, 또한 만물을 하나님의 뜻대로 다스리며, 이 땅 위에 하나님의 뜻과 섭리를 펼칠 자로서 에덴동산에 두셨습니다.

에덴동산은 하나님의 동산이요, 거룩히 구별된 동산입니다. 하나님의 영을 받아 하나님의 자녀들이 된 자들이 거할 수 있는 곳으로 창설된 장소입니다. 하나님은 아담에게 청지기 사명을 주셔서 하나님의 동산, 하나님의 정원으로서의 에덴동산을 하나님이 의도하신 대로 가꾸어 가도록 아담을 에덴동산에 두셨습니다.

하나님께서 에덴동산에 두신 것
둘째 : 생명나무와 선악을 알게 하는 나무

하나님께서는 보기에도 아름답고 먹기에도 좋은 나무들을 동산에 나게 하셨으며, 특별히 동산 가운데에는 생명나무와 선악을 알게 하는 나무도 심으셨습니다.

하나님께서 동산 중앙에 두신 생명나무와 선악을 알게 하는 나무에 대하여 여러 가지 의문을 가지고 있습니다. 왜 하나님은 이것들을 두셨을까요? 결국 이것들로 인하여 아담은 하나님께 범죄 하게 되고 마침내는 이 일로 에덴동산에서 쫓겨나기까지 했습니다. 굳이 시험 거리를 동산 중앙에 두어야 할 이유가 있었을까라고 하면서 도리어 아담이 범죄한 원인을 하나님이 제공하였다고 하면서 범죄의 화살을 하나님께 돌리는 사람들도 있습니다.

이러한 문제들에 대하여 우리가 분명히 해 두어야 할 것이 있습니다. 동산 중앙에 있는 생명나무와 선악을 알게 하는 나무는 시험 거리로 두신 것이 아니라는 말입니다. 먼저 알아야 하는 것은 하나님은 시험하시는 분이 아니십니다. 여기서 말하는 시험은 악의적으로 행하는 시험을 말합니다. 악의적인 시험이란 사람을 죄에 빠지게 하며, 악에 물들게 하고, 결국 사망에 이르게 하는 시험을 말합니다. 사람이 악의적인 시험에 빠지는 것은 자신 안에 있는 욕심 때문입니다.

사람이 시험을 받을 때에 내가 하나님께 시험을 받는다

126

하지 말지니 하나님은 악에게 시험을 받지도 아니하시고
친히 아무도 시험하지 아니하시느니라
오직 각 사람이 시험을 받는 것은 자기 욕심에 끌려 미혹됨이니
욕심이 잉태한즉 죄를 낳고 죄가 장성한즉 사망을 낳느니라

(약 1:13-15)

하나님이 우리 앞에 두시는 것은 징검다리 돌을 두시는 것이지, 걸림돌이 아니라는 사실을 항상 염두에 두고 잊지 말아야 합니다. 여호와 하나님이 에덴동산 중앙에 생명나무와 선악을 알게 하는 나무를 심으신 후에 아담에게 말씀하시기를 "동산 각종 나무의 열매는 네가 임의로 먹되 선악을 알게 하는 나무의 열매는 먹지 말라 네가 먹는 날에는 반드시 죽으리라" 하셨습니다.

여호와 하나님이 동방의 에덴에 동산을 창설하시고
그 지으신 사람을 거기 두시니라
여호와 하나님이 그 땅에서 보기에 아름답고
먹기에 좋은 나무가 나게 하시니
동산 가운데에는 생명 나무와 선악을 알게 하는 나무도 있더라
......
여호와 하나님이 그 사람에게 명하여 이르시되
동산 각종 나무의 열매는 네가 임의로 먹되
선악을 알게 하는 나무의 열매는 먹지 말라

네가 먹는 날에는 반드시 죽으리라 하시니라

하나님의 하시고자 하는 일에 대한 목적과 뜻과 의도를 살피는 것이 무엇보다 중요합니다. 하나님의 의도는 아담을 시험하고자 함이 아니요 동산 중앙에 있는 생명나무와 선악을 알게 하는 나무를 바라보며 생명이 하나님께 있고 선악의 기준이 하나님께 있음을 기억하고 감사하며 살라는 것입니다.

아담은 영생하도록 지음을 받은 자입니다. 그런데 그곳에 생명나무가 왜 필요할까요? 아담은 영생의 존재인데 생명나무가 왜 있어야 하나요? 하나님께서 생명나무를 동산 중앙에 심으심은 아담이 이를 바라보며, 비록 아담이 영생의 존재로서 지음을 받았으나 자만하지 말고, 생명이 하나님의 손에 있음을 생각하도록 두신 것입니다. 또한 선악을 알게 하는 나무를 두신 것은 선과 악의 기준은 하나님의 권한이며, 이를 바라보며 선악 간에 문제가 있으면 언제든지 하나님께 물으라는 것입니다.

결과적으로는 아담과 하와는 선악을 알게 하는 나무의 열매를 따먹게 되었고 하나님 앞에 범죄자가 되었습니다. 이로써 하나님은 아담과 하와를 에덴동산에서 쫓아내셨으며 그들의 범죄의 결과는 참혹하였습니다.

하와를 꼬인 뱀에 임한 형벌

여호와 하나님이 뱀에게 이르시되 네가 이렇게 하였으니

네가 모든 가축과 들의 모든 짐승보다

더욱 저주를 받아 배로 다니고

살아 있는 동안 흙을 먹을지니라 내가 너로

여자와 원수가 되게 하고

네 후손도 여자의 후손과 원수가 되게 하리니

여자의 후손은 네 머리를 상하게 할 것이요

너는 그의 발꿈치를 상하게 할 것이니라

(창 3:14-15)

뱀의 유혹을 받아 선악과를 따 먹은 하와에게 임한 형벌

내가 네게 임신하는 고통을 크게 더하리니

네가 수고하고 자식을 낳을 것이며

너는 남편을 원하고 남편은 너를 다스릴 것이니라

(창 3:16)

하와가 주는 선악과를 먹은 아담에게 임한 형벌

네가 네 아내의 말을 듣고 내가 네게 먹지 말라

한 나무의 열매를 먹었은즉 땅은 너로 말미암아 저주를 받고

너는 네 평생에 수고하여야 그 소산을 먹으리라

땅이 네게 가시덤불과 엉겅퀴를 낼 것이라

네가 먹을 것은 밭의 채소인즉 네가 흙으로 돌아갈 때까지

얼굴에 땀을 흘려야 먹을 것을 먹으리니

네가 그것에서 취함을 입었음이라

너는 흙이니 흙으로 돌아갈 것이니라

(창 3:17-19)

선악과를 따 먹게 된 동기

그런데 뱀은 여호와 하나님이 지으신 들짐승 중에

가장 간교하니라 뱀이 여자에게 물어 이르되

하나님이 참으로 너희에게 동산 모든 나무의 열매를

먹지 말라 하시더냐

여자가 뱀에게 말하되 동산 나무의 열매를

우리가 먹을 수 있으나 동산 중앙에 있는 나무의 열매는

하나님의 말씀에 너희는 먹지도 말고 만지지도 말라

너희가 죽을까 하노라 하셨느니라

뱀이 여자에게 이르되 너희가 결코 죽지 아니하리라

너희가 그것을 먹는 날에는 너희 눈이 밝아져

하나님과 같이 되어 선악을 알 줄 하나님이 아심이니라

여자가 그 나무를 본즉 먹음직도 하고 보암직도 하고
지혜롭게 할 만큼 탐스럽기도 한 나무인지라
여자가 그 열매를 따먹고
자기와 함께 있는 남편에게도 주매 그도 먹은지라
이에 그들의 눈이 밝아져 자기들이 벗은 줄을 알고
무화과나무 잎을 엮어 치마로 삼았더라

(창세기 3:1-7)

아담과 하와가 하나님의 말씀을 떠나 선악과를 따 먹고 범죄자가 된 이유로 가장 직접적인 이유로는 사단의 유혹에 넘어간 것을 들 수 있습니다. 그러나 그보다 더 근본적인 이유를 들자면 야고보 사도를 통하여 "각 사람이 시험을 받는 것은 자기 욕심에 끌려 미혹됨이니"(약 1:14)라고 하신 대로 아담과 하와의 마음속에 '하나님과 같이' 되고자 하는 악한 욕망이 있었다는 것입니다.

사단은 참으로 교활합니다. 아담과 하와의 마음속에 도사리고 있는 악한 욕망, 즉 '하나님과 같이 되고자 하는 욕망'에 불을 지폈습니다. 사단이 하와의 귀에 대고 속삭입니다.

너희가 그것을 먹는 날에는 너희 눈이 밝아져
하나님과 같이 되어 선악을 알 줄 하나님이 아심이니라

(창 3:5)

사단의 속삭이는 말을 듣고 욕망을 품고 선악을 알게 하는 나무의 열매를 보니, 이전에 바라보던 것과는 사뭇 다르게 보입니다. 그 열매를 따 먹으면 하나님같이 되리라는 믿음이 생깁니다.

내가 이 열매를 따 먹음으로 하나님처럼 된다면야!

하와는 주저하지 않고 선악을 알게 하는 나무의 열매를 따 먹고, 아담에게도 권하여 먹게 하였습니다. 아담은 하와가 권하는 말을 듣고 일말의 두려움이나 망설임도 없이 선악을 알게 하는 나무의 열매를 받아먹습니다. 이는 아담 역시 이미 욕심에 끌려 미혹된 영혼이기에 그와 같은 일을 저질렀습니다. 하나님은 이러한 일을 저지른 아담과 하와를 하나님의 동산, 거룩한 동산, 구별된 동산, 에덴동산에서 쫓아냈습니다.

선악과를 따 먹은 후에 나타난 현상

선악을 알게 하는 나무의 열매를 따 먹었다는 이유 하나만으로 어찌하여 하나님께서는 특별히 하나님의 영을 부어 창조하신 아담을 매정하게도 에덴동산에서 쫓아내셨을까요? 선악을 알게 하는 나무의 열매를 따 먹은 결과는 과연 아담과 하와에게는 어떤 영향을 미쳤을까요?

> 여호와 하나님이 이르시되
> 보라 이 사람이 선악을 아는 일에 우리 중 하나 같이 되었으니

그가 그의 손을 들어 생명 나무 열매도 따먹고

영생할까 하노라 하시고

여호와 하나님이 에덴 동산에서 그를 내보내어

그의 근원이 된 땅을 갈게 하시니라

(창 3:22-23)

선악을 알게 하는 열매를 따 먹은 아담과 하와에 대하여 여호와 하나님이 말씀하시기를 "이 사람이 선악을 아는 일에 우리 중 하나 같이 되었으니"라고 하였습니다. 다시 말하면 선악을 따지는 일에 있어서 하나님이 필요하지 않게 되었다는 말입니다. 선악을 가르는 일에 있어서 그들이 의도하는 대로 판단한다는 의미입니다. 더 이상 하나님께 묻지 않는다는 말입니다.

이제 그들은 선악의 기준을 하나님께 두지 않습니다. 선악의 기준이 그들에게 있습니다. 선악에 관한 판단의 주체가 그들 자신입니다. 그들이 선악을 알게 하는 나무의 열매를 따 먹음으로 인하여 선악의 기준이 육체에 있습니다.

너희는 육체를 따라 판단하나

나는 아무도 판단하지 아니하노라

만일 내가 판단하여도 내 판단이 참되니

이는 내가 혼자 있는 것이 아니요

나를 보내신 이가 나와 함께 계심이라

(요 8:15-16)

위의 말씀은 "나는 세상의 빛이니 나를 따르는 자는 어둠에 다니지 아니하고 생명의 빛을 얻으리라"(요 8:12) 하신 예수님의 증언 말씀에 대하여 바리새인들이 하는 말이 "네가 너를 위하여 증언하니 네 증언은 참되지 아니하도다"(요 8:13) 하며 대드는 바리새인들을 향하여 예수님께서 하신 말씀입니다.

예수님은 이르시기를 "너희는 육체를 따라 판단하도다"라고 하셨습니다. 육체가 선악을 판단하는 일에 기준이 되고, 영으로 판단하지 못하는 자들이 되었습니다. 이는 선악을 알게 하는 나무의 열매를 따 먹은 아담 이후에 사람들에게 나타난 결과로서 선악의 기준이 육체가 되었기 때문입니다.

육체적으로 판단하는 자들은 자신에게 이로우면 선이요, 자신에게 불리하거나 자신에게 조금이라도 해가 되고 육체적으로 고통이 오면 이것을 악으로 규정하고 대적하는 자가 되었습니다. 이러한 삶의 결과는 서로 간에 자신에게 얼마나 유익한지, 불리한지만을 따지며 서로가 다투며, 싸우며, 결국에는 멸망을 자초하게 됩니다. 이러한 삶에는 결코 평화를 찾아볼 수가 없습니다. 여호와 하나님은 이들을 에덴동산에서 쫓아내었습니다.

하나님은 어찌하여 시험 거리를 두셨을까요?

사람들은 오해합니다. 선악과를 따 먹음으로 결국에는 에덴동산에서 쫓겨난 사건을 두고 하나님은 어찌하여 에덴동산 중앙에 선악을 알게 하는 나무를 심으심으로 시험 거리를 두어 아담과 하와가 이를 보고 유혹을 받아 범죄하기에 이르도록 하셨는가? 아담과 하와의 범죄의 원인 제공을 하나님이 하신 것이 아닌가? 그런데 왜 아담과 하와에게 죄를 묻는가? 이러한 항변을 합니다.

앞에서도 말씀을 드렸습니다만 하나님께서 동산 중앙에 생명나무와 선악을 알게 하는 나무를 심으심은 아담과 하와가 생명나무를 바라보고 생명이 하나님께 있음을 상기하며, 감사하며 살라는 것입니다. 선악을 알게 하는 나무를 바라보며, 선악의 기준이 하나님께 있음을 기억하고 선악 간에 하나님께 물으라는 것입니다.
또한 하나님께서는 분명하게 말씀을 하셨습니다.

여호와 하나님이 그 사람에게 명하여 이르시되
동산 각종 나무의 열매는 네가 임의로 먹되
선악을 알게 하는 나무의 열매는 먹지 말라
네가 먹는 날에는 반드시 죽으리라 하시니라

(창 2:16-17)

하나님은 사람을 창조하심에 있어서 사람들에게 자유의지를 주셨습니다. 악을 행하거나 선을 행하거나 무엇을 행하거나 자유의지에 달려 있으나 행위에 대한 책임이 주어지는 것입니다. 인격체이신 하나님은 사람들에게 자유의지를 주셔서 하나님의 말씀에 대한 사람들의 자발적이고 인격적인 순종을 기대하셨습니다. 하나님은 인생을 시험하시는 분이십니다. 시험하시되 악으로 시험하시는 분은 아니십니다.

그 때에 여호와께서 모세에게 이르시되
보라 내가 너희를 위하여 하늘에서 양식을 비 같이 내리리니
백성이 나가서 일용할 것을 날마다 거둘 것이라 이같이 하여
그들이 내 율법을 준행하나 아니하나 내가 시험하리라
(출 16:4)

모세가 백성에게 이르되 두려워하지 말라
하나님이 임하심은 너희를 시험하고
너희로 경외하여 범죄하지 않게 하려 하심이니라
(출 20:20)

네 하나님 여호와께서 이 사십 년 동안에
네게 광야 길을 걷게 하신 것을 기억하라
이는 너를 낮추시며 너를 시험하사 네 마음이 어떠한지
그 명령을 지키는지 지키지 않는지 알려 하심이라

네 조상들도 알지 못하던 만나를 광야에서 네게 먹이셨나니
이는 다 너를 낮추시며 너를 시험하사
마침내 네게 복을 주려 하심이었느니라

(신 8:16)

위의 말씀들을 통하여 우리가 알 수 있는 것은 하나님이 허락하시는 시험은 사단의 시험처럼 악에 빠져 저주에 이르는 시험이 아닙니다. 하나님이 허락하시는 시험은 도리어 시험을 통하여 삶의 지혜를 배우며, 영적인 깨달음을 얻고, 겸손을 배우며, 인생을 알아 자신을 낮출 줄을 배우며, 하나님을 더욱 의지하는 자가 되고, 마침내 복을 받는 자가 됩니다.

시험을 받는다는 것은 육신을 가진 사람들에게 당연한 일입니다. 심지어 예수님께서도 육신을 입고 이 땅에 오신 후에는 사단에게 시험을 받으셨습니다. 먹고 마시는 떡의 문제로 시험을 받으셨고, 명예의 문제, 부귀와 영화의 문제, 종국에는 하나님과 사단 사이에서 누구를 경배할 것인가에 대한 문제로 시험을 받으셨습니다. 예수님도 악에게 시험을 받으셨으나, 악에게 지지 않으셨습니다. 악의 미혹에 넘어가지 않으셨습니다.

아담과 하와가 시험에 넘어져 악에 빠진 것은 자기 욕심에 끌려 미혹을 받은 것이며, 교활한 사단은 사람의 마음속에 있는 욕심을 자극하여 미혹하고, 결국 죄를 범하여 악에 빠지며 저주에 이르게 하는 것입니다.

하나님은 아담에게 이르시기를 동산 각종 나무의 열매는 네가 임의로 먹으라 하셨습니다. 동산에는 얼마나 많은 열매 맺는 나무들이 있었을까요? 그리도 풍성한 열매를 주셨음에도 불구하고 선악과에 눈독을 들인 것은 욕심에 근거한 것이며, 특별히 '너희가 그것을 먹는 날에는 하나님처럼 되리라'는 마귀의 유혹에 넘어진 것입니다.

오직 각 사람이 시험을 받는 것은 자기 욕심에 끌려 미혹됨이니
욕심이 잉태한즉 죄를 낳고 죄가 장성한즉 사망을 낳느니라

(약 1:14-15)

내가 이르노니 너희는 성령을 따라 행하라
그리하면 육체의 욕심을 이루지 아니하리라

(갈 5:16)

너희는 유혹의 욕심을 따라 썩어져 가는 구습을 따르는
옛 사람을 벗어 버리고 오직 너희의 심령이 새롭게 되어
하나님을 따라 의와 진리의 거룩함으로

138

지으심을 받은 새 사람을 입으라

전에는 우리도 다 그 가운데서 우리 육체의 욕심을 따라 지내며

육체와 마음이 원하는 것을 하여

다른 이들과 같이 본질상 진노의 자녀이었더니

긍휼이 풍성하신 하나님이 우리를 사랑하신

그 큰 사랑을 인하여 허물로 죽은 우리를

그리스도와 함께 살리셨고

（너희는 은혜로 구원을 받은 것이라）

또 함께 일으키사 그리스도 예수 안에서 함께

하늘에 앉히시니 이는 그리스도 예수 안에서 우리에게

자비하심으로써 그 은혜의 지극히 풍성함을 오는

여러 세대에 나타내려 하심이라

너희는 그 은혜에 의하여 믿음으로 말미암아 구원을 받았으니

이것은 너희에게서 난 것이 아니요 하나님의 선물이라

행위에서 난 것이 아니니

이는 누구든지 자랑하지 못하게 함이라

（엡 2:3-9）

우리가 사단의 교활한 시험에 넘어지고, 미혹을 받아 파멸의 길을
걷는 것은 육체의 욕심에 끌려 미혹을 받았기 때문입니다. 그러므

로 우리가 사단의 유혹에 넘어지지 않기 위하여서는 마음의 욕심을 내려놓아야 합니다. 그러기 위하여서는 하나님의 영, 성령을 의지하여 행하여야 합니다. 성령을 의지하여 예수 안에서 새사람으로 거듭나야 합니다.

하나님께서 에덴동산에 두신 것
셋째 : 4대강의 근원

> 강이 에덴에서 흘러 나와 동산을 적시고
> 거기서부터 갈라져 네 근원이 되었으니
> 첫째의 이름은 비손이라 금이 있는 하윌라 온 땅을 둘렀으며
> 그 땅의 금은 순금이요 그 곳에는 베델리엄과 호마노도 있으며
> 둘째 강의 이름은 기혼이라 구스 온 땅을 둘렀고
> 셋째 강의 이름은 힛데겔이라 앗수르 동쪽으로 흘렀으며
> 넷째 강은 유브라데더라
>
> (창 2:10-14)

에덴동산에서 흘러나와 동산을 적시고 거기서부터 갈라져 근원이 되어 이루어진 강은 비손과 기혼과 힛데겔과 유브라데였습니다. 이 4개 강은 오늘날 세계 문화와 문명의 중심지요, 세계 역사의 중심지가 되었습니다. 하나님의 영으로 지음을 받은 아담의 후손들로부터 참된 문화가 시작되었습니다.

세계의 역사는 기원전과 기원후로 나누어집니다. 오늘날 세계가 공통적으로 상용하고 있는 서력기원의 중심에는 예수 그리스도가 있습니다. 기원전과 기원후는 예수 그리스도의 탄생을 기점으로 하여 나누어지는 것입니다. 다시 말씀드리면 세계의 역사 중심에는 예수 그리스도가 있으며, 이는 세계의 역사 중심은 하나님이시며, 하나님은 세계 역사의 주관자가 되신다는 것을 온 세계가 인정하는 것입니다.

> 깊도다 하나님의 지혜와 지식의 풍성함이여,
> 그의 판단은 헤아리지 못할 것이며
> 그의 길은 찾지 못할 것이로다
> 누가 주의 마음을 알았느냐 누가 그의 모사가 되었느냐
> 누가 주께 먼저 드려서 갚으심을 받겠느냐
> 이는 만물이 주에게서 나오고 주로 말미암고
> 주에게로 돌아감이라
> 그에게 영광이 세세에 있을지어다 아멘

(롬 11:33-36)

세계 역사의 주인이신 하나님은 하나님의 영을 받아 지음을 받은 아담의 후손들, 오늘날 하나님의 영, 성령으로 거듭나 구원받은 성도들, 하나님의 백성들을 중심으로 세계의 역사를 이끌어 가시는 것입니다.

새로이 창조된 아담

창세기 1장에서 창조하신 인생들이 타락하여
죄악 가운데 있으며,
창조주 되신 하나님을 찾지도 아니하며,

생각하며 계획하는 것마다 항상 악할 뿐임을 보신 하나님은
결국 이들을 사단의 손에 넘겼으며,

이번에는 하나님의 형상과 모양만을 닮은 자가 아니라
진정 하나님의 영을 받은 아담을 하나님의 아들로서
이 땅에 새로이 창조하신 것입니다

제 5 장
새로이 창조된 아담

아름답고, 풍요롭고, 복된 세상

여호와 하나님이 창조하신 세상은 '하나님이 보시기에 좋았더라'
라고 하실 정도로 더할 나위 없이 아름답게 창조하신 세상이었습
니다. 그리고 그 세상 안에 하나님의 형상과 모양을 따라 창조된 인
생, 여기에 각종 들짐승과 공중을 나는 각종 날짐승, 바다의 어족,
여기에 각종 열매 맺는 나무들과 숲의 풀과 각종 꽃과 채소들 모
두 진정 어느 것 하나 부족한 것이 없는 풍요롭고, 복된 세상이었
습니다.

창조주 되시는 하나님은 이렇게 풍요롭고 아름다운 세상에 선하신
하나님의 뜻에 따라 선함이 가득하기를 바라셨으며, 사랑의 근본
이 되시는 하나님의 의도대로 '사랑으로 충만한 세상'이 되기를 기

대하셨습니다. 그러나 하나님이 살펴보신 세상은 사단의 미혹을 받은 인생들이 타락하여 죄악이 가득하며, 생각하고 계획하는 것마다 항상 악할 뿐인 추악한 세상이었습니다.

당시의 세상의 상태, 인생들의 악함의 정도를 잘 표현하여 가르쳐주는 말씀들이 있습니다.

여호와께서 하늘에서 인생을 굽어 살피사 지각이 있어
하나님을 찾는 자가 있는가 보려 하신즉
다 치우쳐 함께 더러운 자가 되고
선을 행하는 자가 없으니 하나도 없도다

(시 14:2-3)

여호와께서 사람의 죄악이 세상에 가득함과
그의 마음으로 생각하는 모든 계획이 항상 악할 뿐임을 보시고

(창 6:5)

천 년을 하루같이, 하루를 천 년같이

이러한 세상임에도 불구하고 하나님은 인생들이 악에서 돌이켜 선한 자가 되기를 바라셨으며, 돌이켜 하나님을 찾으며 하나님의 사랑을 받기에 합당한 자가 되기를 인내로 기다렸습니다.

여호와는 긍휼이 많으시고 은혜로우시며

노하기를 더디 하시고 인자하심이 풍부하시도다

(시 103:8)

사랑하는 자들아 주께는 하루가 천 년 같고
천 년이 하루 같다는 이 한 가지를 잊지 말라

(벧후 3:8)

시편에 기록된 말씀처럼 창조주 되시는 여호와 하나님은 긍휼이 많으시고 은혜로우시며 노하기를 더디 하시고 인자하심이 풍부하십니다. 그렇기에 하나님을 찾지도 않으며, 모두가 치우쳐 함께 더러운 자가 되고 선을 행하지 않고 악에 치우친 인생들을 향하여 하루가 천 년같이, 천 년을 하루같이 기다리시며, 인생들이 악을 버리고 창조주 하나님께로 돌이켜 선을 행하고 서로 간에 화목을 이루며, 하나님과의 아름다움 교제 가운데 있기를 기대하셨으나, 그러한 기대는 무참하게 무너지고 말았습니다.

얼마나 오랜 세월을 기다리셨을까요?
수천 년, 수만 년, 혹은 수억 년?
하나님께서 인내하심으로 얼마나 오랜 세월을 기다리셨을까요?

인내의 기다림에도 불구하고 사람의 죄악이 세상에 더더욱 가득하여짐과 사람들의 마음으로 생각하는 모든 계획이 항상 악할 뿐임을 보신 하나님은 결국 창조하신 사람들과 세상에 속한 모든 것을 사단의 손에 넘겨주게 됩니다. 하나님은 자신의 형상과 모양을 따라 지음을 받은 그 사람들을 멸하기를 좋게 여기지 아니하시고 그들을 사단의 손에 넘기시고 창조의 능력으로 새로운 사람(아담)을 창조하신 것입니다.

하나님께서 아담이라는 새 사람을 창조하실 필요를 생각하시었다면 그 목적은 무엇일까요? 이것에 대하여 몇 가지 살펴보겠습니다.

첫째 : 하나님의 아들로서의 아담

창세기 1장에서 창조하신 인생들이 타락하여 죄악 가운데 있으며, 창조주 되신 하나님을 찾지도 아니하며, 생각하며 계획하는 것마다 항상 악할 뿐임을 보신 하나님은 결국 이들을 사단의 손에 넘겼으며, 이번에는 하나님의 형상과 모양만을 닮은 자가 아니라 진정 하나님의 영을 받은 아담을 하나님의 아들로서 이 땅에 새로이 창조하신 것입니다. 그리하여 아담과 아담의 후손들(하나님의 영을 받은 자들)은 하나님의 영으로 인도하심을 받고 하나님의 뜻을 이 땅에 이루도록 창조하신 것입니다. 성경은 이들을 가리켜 하나님의 아들이라 부르는 것입니다.

무릇 하나님의 영으로 인도함을 받는 사람은
곧 하나님의 아들이라

(롬 8:14)

로마서 8장 14절 말씀을 공동번역에서는 다음과 같이 기록하고 있습니다. "누구든지 하느님의 성령의 인도를 따라 사는 사람은 하느님의 자녀입니다."

새로이 창조되는 아담은 하나님께서 친히 당신의 영을 부어주심으로 하나님의 영으로 인도함을 받는 자가 되게 하셨고, 그리하여 당신의 아들들이 되게 하셨습니다.

이제 우리는 아담이 어떻게 창조되었는가를 살펴보겠습니다.
창세기 2장 7절의 말씀입니다.

여호와 하나님이 땅의 흙으로 사람을 지으시고
생기를 그 코에 불어넣으시니 사람이 생령이 되니라

(개정성경)

야훼 하느님께서 진흙으로 사람을 빚어 만드시고
코에 입김을 불어넣으시니, 사람이 되어 숨을 쉬었다.

(공동번역)

하나님께서 아담을 창조하시며 진흙으로 사람을 빚어 만드셨습니다. '땅의 흙으로 사람을 지으셨다' 함은 하나님의 형상과 모양을 따라 지으셨다는 것을 말하며, 이는 창세기 1장에서의 사람 창조와 같습니다. 그러나 창세기 2장에서의 아담 창조가 창세기 1장에서의 사람 창조와 다른 점은 창세기 2장에서의 아담 창조는 하나님께서 '땅의 흙으로 사람을 지으시고 그 코에 생기(호흡, 숨)를 불어넣었다'는 것입니다.

여기에는 특별한 의미가 있습니다. 아담을 창조하시며 그 코에 생기(입김, 숨)를 불어넣으심은 당신의 영, 즉 성령을 아담에게 허락하셨다는 것입니다.

신약에도 이 사실을 확인해 보겠습니다.

> 이 날 곧 안식 후 첫날 저녁 때에 제자들이
> 유대인들을 두려워하여 모인 곳의 문들을 닫았더니
> 예수께서 오사 가운데 서서 이르시되
> 너희에게 평강이 있을지어다
> 이 말씀을 하시고 손과 옆구리를 보이시니
> 제자들이 주를 보고 기뻐하더라
> 예수께서 또 이르시되 너희에게 평강이 있을지어다
> 아버지께서 나를 보내신 것 같이 나도 너희를 보내노라
> 이 말씀을 하시고 그들을 향하사 숨을 내쉬며 이르시되
> 성령을 받으라 너희가 누구의 죄든지 사하면 사하여질 것이요
> 누구의 죄든지 그대로 두면 그대로 있으리라 하시니라
>
> (요 20:19-23)

위의 말씀에서 우리는 참으로 귀중한 사실을 알게 됩니다.

하나님께서 아담을 창조하시면서 코에 생기(입김)를 불어넣으셨습니다. 아담의 코에 불어넣으신 생기, 즉 입김은 바로 하나님의 영인 곧 성령입니다. 왜냐하면 예수님께서 제자들을 향하여 "성령을 받으라" 말씀하시며 제자들을 향하여 숨을 내쉬었는데, 예수님이 내쉰 그 숨이 바로 하나님께서 아담의 코에 불어넣으신 생기이며, 입김입니다. 결국 아담 창조는 하나님의 영, 즉 성령을 부어 창조하시었으며, 이는 하나님께서 아담을 하나님의 아들, 하나님의 자녀로 창조하셨습니다.

그러므로 우리는 이런 결론을 얻을 수 있습니다.

아담은 인류의 시조가 아니다.

아담은 하나님의 영을 받아 하나님의 자녀된 자들의 시조이다.

창세기 1장의 처음 창조하신 사람들을 하나님은 버리시고, 사단에게 넘기신 후에 창세기 2장에서 새로이 아담을 지으시되 당신의 영을 부어 창조하여 자녀 삼으시고, 하나님 나라의 기업을 잇게 하시며 그를 통하여 당신의 뜻을 이루게 하시는 것에 대한 암시적인 사건들을 우리는 성경에서 찾아볼 수 있습니다. 이 일에 관하여 우리에게 특별히 영감을 주는 말씀이 있습니다.

아브라함의 가정사

아브라함은 성경 역사상 참으로 중요한 인물이며, 아브라함의 가정에서 발생한 사건은 우리에게 시사하는 바가 큽니다. 창세기 16장 1절에서 15절까지와 창세기 21장 1절에서 21절까지의 말씀을 보면 아브라함의 가정사를 기록하고 있습니다. 특별히 아브라함의 두 자녀, 이스마엘과 이삭에 관한 이야기입니다.

 아브라함이 먼저 얻은 아들의 이름은 이스마엘이요, 다음에 얻은 아들의 이름은 이삭입니다. 두 아들에 대한 성경의 증거가 우리의 커다란 관심을 끕니다. 아브라함의 첫아들 이스마엘은 아브라함이 여종 하갈로 통하여 얻은 아들로서 하나님의 약속이 없는 자요, 하나님의 나라의 유업은 없는 자이며, 아브라함의 가정에서 쫓겨난 자입니다. 특별히 육적 자녀라 하였습니다.

 반면에 아브라함의 둘째 아들인 이삭은 아브라함이 여주인 사라를 통하여 얻은 아들로서 하나님의 약속의 있는 자이며, 아브라함의 가정의 유업을 이를 자입니다. 특별히 이삭은 영적 자녀라 하였습니다. 성경의 증거가 다음과 같습니다.

그러나 성경이 무엇을 말하느냐
여종과 그 아들을 내쫓으라
여종의 아들이 자유 있는 여자의 아들과
더불어 유업을 얻지 못하리라 하였느니라

(갈 4:30)

특별히 첫아들 이스마엘은 육적 자녀요, 둘째 아들 이삭은 영적 자녀라는 사실에 대하여 성경은 다음과 같이 증거하고 있습니다.

> 기록된 바 아브라함이 두 아들이 있으니 하나는 여종에게서,
> 하나는 자유 있는 여자에게서 났다 하였으며
> 여종에게서는 육체를 따라 났고
> 자유 있는 여자에게서는 약속으로 말미암았느니라
>
> (갈 4:22-23)

이스마엘은 육체를 따라 태어났으며, 이삭은 자유 있는 여자에게서 난 약속의 자녀라 하였습니다. 이삭을 영적 자녀라 하는 이유는 이삭이 '자유 있는 여자의 아들'이기 때문입니다. 고린도후서 3장 17절의 말씀에는 "주는 영이시니 주의 영이 계신 곳에는 자유가 있느니라" 하셨으니 '자유 있는 여인의 아들'이란 '영의 아들'이라는 말이 됩니다.

한 걸음 더 나아가 다음으로 아브라함의 대를 이은 이삭의 가정에서 이루어진 사건을 생각하여 봅시다. 하나님의 언약에 의하여 '자유하는 여자'에게서 태어난 영적 아들이었던 이삭에게는 두 아들이 있었습니다. 먼저 태어난 아들의 이름은 에서이며, 에서의 발뒤꿈치를 붙잡고 태어난 둘째의 이름은 야곱입니다. 이 두 아들에 대한 하나님의 증거는 이렇습니다.

여호와께서 말라기를 통하여 이스라엘에게 말씀하신 경고라

여호와께서 이르시되 내가 너희를 사랑하였노라 하나

너희는 이르기를 주께서 어떻게 우리를

사랑하셨나이까 하는도다

나 여호와가 말하노라 에서는 야곱의 형이 아니냐

그러나 내가 야곱을 사랑하였고 에서는 미워하였으며

그의 산들을 황폐하게 하였고 그의 산업을

광야의 이리들에게 넘겼느니라

에돔은 말하기를 우리가 무너뜨림을 당하였으나

황폐된 곳을 다시 쌓으리라 하거니와

나 만군의 여호와는 이르노라 그들은 쌓을지라도 나는 헐리라

사람들이 그들을 일컬어 악한 지역이라 할 것이요

여호와의 영원한 진노를 받은 백성이라 할 것이며

너희는 눈으로 보고 이르기를

여호와께서는 이스라엘 지역 밖에서도 크시다 하리라

(말 1:1-5)

위의 말씀에 따라 우리가 깨닫는 것은 첫아들 에서는 하나님의 미움의 대상이요, 에서와 그의 후손들인 에돔 족속은 하나님께서 저주하는 사람들이요, 하나님은 그들의 산업을 철저하게 파괴하시겠다 하셨습니다. 이에 반하여 둘째 야곱은 하나님의 사랑의 대상이며, 야곱과 그의 후손들은 하나님의 축복의 사람들입니다.

하나님께서는 택함을 입은 아브라함의 가정에 이루어진 사건에 이어서 그의 아들 이삭의 가정에서도 거듭하여 나타나는 이러한 일련의 사건들을 통하여 우리에게 무엇을 말씀하고자 하시는 것일까요? 이런 사건들 속에는 하나님께서 우리에게 말씀하시고자 하는 바가 분명히 있으며, 거듭하여 같은 의미의 사건이 전개됨은 확실한 계시가 담겨 있습니다. 이러한 성경의 역사에 비추어 생각해 볼 때 창세기 1장의 창조된 첫째 사람은 육체적인 존재요, 저주의 사람들이요, 하나님께 버림받은 자들이요, 창세기 2장의 아담 창조는 하나님의 영으로 지음을 받은 영적 존재로서 하나님의 아들이요, 하나님 집의 유업을 이을 자이며, 하나님으로부터 영적 사명을 받은 자로 지음을 받았다라고 주장하는 것이 결코 이상하지 않습니다.

둘째 : 세상에 있어서 구원의 도구로서의 아담

하나님께서 아담을 창조하시며 그에게 하나님의 영을 부어 영의 인도함을 받는 자가 되게 하셨다고 말씀드렸습니다. 이는 아담을 통하여 사단의 유혹으로 타락하여 사단의 자식들이 된 사람들을 그들의 죄에서 구원하고자 하는 하나님 사랑의 계획이 있었습니다. 아담은 하나님의 영의 인도함을 받는 자로서 세상에 대한 구원의 도구로 창조된 것입니다.

이에 대한 증거는 이렇습니다.

> 예수께서 또 이르시되 너희에게 평강이 있을지어다
> 아버지께서 나를 보내신 것 같이 나도 너희를 보내노라
> 이 말씀을 하시고 그들을 향하사 숨을 내쉬며 이르시되
> 성령을 받으라 너희가 누구의 죄든지 사하면 사하여질 것이요
> 누구의 죄든지 그대로 두면 그대로 있으리라 하시니라
>
> (요 20:21-23)

부활하신 예수님은 제자들을 향하여 이르시기를 '아버지께서 나를 세상에 보내신 것처럼 나도 너희를 세상에 보내노라' 하시며, 제자들을 향하여 숨을 내쉬며 성령을 받으라 하셨습니다. 그리고 이어서 말씀하신 것은 성령을 받은 자에게 나타날 능력에 대하여 말씀을 하셨습니다. 바로 23절의 "너희가 누구의 죄든지 사하면 사하여질 것이요 누구의 죄든지 그대로 두면 그대로 있으리라" 입니다. 이것은 예수님은 제자들을 향하여 숨을 내쉬며 성령을 받으라 하신 후에 내가 너희를 세상에 보내노니 가서 죄사함의 권세로 그들을 구원하라 하신 것입니다.

여기서 우리가 깨닫는 놀라운 사실이 있습니다.
그것은 아담을 새로이 창조하신 하나님의 창조 목적입니다. 아담을 창조하시되 특별히 하나님의 영을 허락하여 창조하신 것은 아담

을 통하여 세상을 죄악에서 구원하시려는 것이었습니다. 마치 예수님께서 숨을 내쉬며 성령을 받으라 하신 후에 죄사함의 권세가 있다는 말씀과 함께 내가 너희를 세상에 보내노라 하신 것과 같은 차원의 사건입니다.

인류 구원의 계획 속에서 아담을 창조하시되 하나님의 영을 부어 창조하여 하나님의 영으로 인도함을 받는 자가 되어 세상을 죄 가운데서, 멸망 중에서 구원하고자 하셨으나 하나님의 영을 부어 지음을 받은 아담까지도 사단의 유혹에 넘어가 범죄자가 되고 함께 악한 자의 길에 서고 말았습니다. 이로써 하나님의 구원 계획은 무참하게 무너지고 말았습니다. 이때의 일을 성경은 이렇게 기록하고 있습니다.

사람이 땅 위에 번성하기 시작할 때에 그들에게서 딸들이 나니
하나님의 아들들이 사람의 딸들의 아름다움을 보고
자기들이 좋아하는 모든 여자를 아내로 삼는지라
여호와께서 이르시되 나의 영이 영원히 사람과
함께 하지 아니하리니 이는 그들이 육신이 됨이라
그러나 그들의 날은 백이십 년이 되리라 하시니라
당시에 땅에는 네피림이 있었고 그 후에도
하나님의 아들들이 사람의 딸들에게로
들어와 자식을 낳았으니 그들은 용사라

고대에 명성이 있는 사람들이었더라

여호와께서 사람의 죄악이 세상에 가득함과

그의 마음으로 생각하는 모든 계획이 항상 악할 뿐임을 보시고

땅 위에 사람 지으셨음을 한탄하사 마음에 근심하시고

이르시되 내가 창조한 사람을 내가 지면에서 쓸어버리되

사람으로부터 가축과 기는 것과 공중의 새까지 그리하리니

이는 내가 그것들을 지었음을 한탄함이니라 하시니라

(창 6:1-7)

위의 말씀 중에서 6절에서 7절이 말씀의 공동번역은 이렇게 기록합니다.

왜 사람을 만들었던가 싶으시어 마음이 아프셨다.

야훼께서는 내가 지어낸 사람이지만, 땅 위에서 쓸어버리리라.

공연히 사람을 만들었구나. 사람뿐 아니라 짐승과 땅 위를

기는 것과 공중의 새까지 모조리 없애버리리라. 공

연히 만들었구나! 하고 탄식하셨다.

땅 위에 사람들이 번성하기 시작하였고, 이들에게서 사람의 딸들이 나니 하나님의 아들들이 사람의 딸들의 아름다움을 보고 자기들이 좋아하는 모든 여자를 아내로 삼음으로 하나님께서는 사람들에게서 하나님의 영을 거두어 가시면서 선포하시기를 "나의 영이

영원히 사람과 함께 하지 아니하리라"(창 6:3) 하시므로 땅에 거하는 모든 사람은 영이 없는 육체의 사람이 되었습니다.

여기서 이러한 의문이 생깁니다.

하나님의 아들들은 과연 누구이며, 사람의 딸들은 누구의 자식을 말하는가 하는 문제입니다. 이에 대하여는 학자들 간에 거론되고 있는 몇 가지 이론들이 있습니다.[3]

어떤 학자는 여기서 말하는 하나님의 아들들은 천상의 존재로서 천사들이나 하나님의 사자들이며, 사람의 딸들은 그야말로 인간의 후손들이라고 주장합니다. 그렇다면 천사와 인간의 결합을 주장하는 견해가 됩니다.

이에 대하여서는 마태복음 22장 23절에서 30절까지의 말씀을 생각하며 무엇이 문제인가를 생각하여 보겠습니다.

부활이 없다 하는 사두개인들이 그 날 예수께 와서 물어
이르되 선생님이여 모세가 일렀으되 사람이 만일 자식이 없이
죽으면 그 동생이 그 아내에게 장가 들어
형을 위하여 상속자를 세울지니라 하였나이다
우리 중에 칠 형제가 있었는데 맏이가 장가들었다가 죽어

---

3) 그랜드 종합주석 『창세기』, 397. 참조.

상속자가 없으므로 그 아내를 그 동생에게 물려 주고

그 둘째와 셋째로 일곱째까지 그렇게 하다가 최후에는

그 여자도 죽었나이다

그런즉 그들이 다 그를 취하였으니

부활 때에 일곱 중의 누구의 아내가 되리이까

예수께서 대답하여 이르시되

너희가 성경도, 하나님의 능력도 알지 못하는고로 오해하였도다.

부활 때에는 장가도 아니 가고 시집도 아니가고

하늘에 있는 천사들과 같으니라

위의 말씀을 보면 예수님은 사두개인들을 향하여 분명하게 말씀을 하시었습니다. 부활때에는 장가도 아니가고 시집도 아니가는데 하늘의 있는 천사들과 같을 것이라 하였습니다.

예수님의 이 말씀을 다시 표현한다면 하늘의 있는 천사들은 "장가도 아니가고 시집도 아니간다"는 말씀입니다.

우리들이 가진 어떠한 고귀한 사상이나, 소위 이름있다고 하는 학자의 가르침이라도 예수님의 말씀에 앞서서는 안되며, 예수님의 말씀에 반대적인 주장을 하여서는 안됩니다. 왜냐하면 예수님은 하나님의 본체시며, 예수님은 곧 임마누엘하신 하나님이시기 때문입니다.

그러므로 하나님의 아들들은 하늘의 천사를 말하며, 사람의 딸들은 인간이라는 주장은 결코 받아들일 수 없는 이론입니다.

어떤 학자들은 창세기 6장 2절이 셋의 경건한 계보가 가인의 불경건한 후손들과 연합한 사실을 묘사하는 것이라고 말한다고 주장한다. 그러나 이 주장은 셋의 후손을 하나님의 아들들로 표현하고, 가인의 후손은 사람의 딸들이라는 주장이 되는데 이에 대하여는 저는 동의할 수가 없습니다.

왜냐하면 하나님께서 아직 가인의 후손들에게서 하나님의 영을 거두시기 전이기에 가인의 후손이나 셋의 후손이나 하나님 앞에 "하나님의 아들들"로 인정하여야 하는 것이 마땅하다고 생각합니다. 이미 말씀을 드린 바 있거니와 로마서 8장 14절에서 이르기를 "무릇 하나님의 영으로 인도함을 받는 사람은 곧 하나님의 아들이라"라고 증언하였거니와 가인이 범죄하여 하나님 앞에서 쫓겨나기는 하였어도 하나님께서는 가인에게서 하나님의 영을 거두지는 않았기 때문입니다. 이로 보건대 셋의 후손은 하나님의 아들이요, 가인의 후손은 사람의 후손이라고 말하여서는 안 될 것입니다.

또 우리가 생각하여야 하는 것은 가인의 후손은 불경건하고, 셋의 후손은 경건하였다라고 주장하는 것도 사람들도 있습니다. 당시에 세상의 모든 사람이 하나님 앞에 악하고 그들의 마음으로 생각하는 모든 계획이 항상 악할 뿐임을 보시고 땅 위에 사람 지으셨음을 한탄하사 마음에 근심하셨으며, 이들 모두를 물로 심판하여 땅 위에서 쓸어버리리라 하셨습니다. 이로 보건대 가인의 후손은 불경건하고 셋의 후손은 경건하였다라고 주장할 수 없는 것입니다.

또 다른 학자들은 이 말씀이 상류 계급의 사람들이 하류 또는 상류보다는 조금 낮은 계층의 사람들과 결혼한 사실을 가리키는 것이라고 주장한다. 당시에 상류 계급이 어디 있고, 하류 계급이 어디 있습니까? 또 설령 그런 계급 사회가 있다고 하여도 상류 계급이 하류 계급과 결혼을 하였다는 것이 하나님 앞에서 그렇게 악하며 죄가 되는 것일까요? 상류, 하류 구별은 사람이 정한 것이며, 하나님께서 보실 때 이들의 결합을 죄라고 말할 수 있는 것이 아닙니다. 심지어 이로 인하여 하나님께서 노하여 하나님의 영을 거두었습니다. 이로 보건대 이 주장은 이치에 맞지 않는 것 같습니다.

저는 이 사건에 대하여 이렇게 말씀드리고 싶습니다.

하나님의 아들들이란 하나님의 영으로 지음을 받은 아담의 후손들이요, 사람의 딸들이란 창세기 1장에서 창조된 사람들의 후손, 그러니까 하나님의 형상과 모양을 따라 지음을 받았으나 하나님의 영이 없는 사람들의 후손들이라 생각합니다.

그러므로 성경에 이르기를 하나님의 영을 받아 지음을 받은 아담의 후손들, 하나님의 아들들까지 타락하여 하나님의 영이 없이 지음을 받은 후손들과 짝을 이룸으로 하나님은 아담의 후손, 즉 하나님의 아들들에게서 당신의 영을 거두어 가셨습니다. 이로써 세상에 존재하는 모든 사람은 육체가 되었습니다. 이는 아담의 후손들 역시 아담 창조 이전에 존재하던 사람들과 동일하게 영이 없는 육체의 사람들이 되었습니다.

하나님의 아들들이 사람의 딸들의 아름다움을 보고 자기들이 좋아하는 모든 여자를 아내로 삼은 사건은 하나님 보시기에 참으로 심각한 문제였습니다. 이는 거룩하신 하나님의 영이 사단에게 사로잡힌 자들의 영향을 받아 어두움의 영으로, 저속한 영으로 타락할까 염려하셨기 때문입니다. 그러므로 하나님은 하나님의 아들들에게서 당신의 영을 거두어 가셨던 것입니다.

선민 이스라엘을 향하신 하나님의 명령

여호와 하나님은 모세를 통하여 애굽에서 고통 중에 신음하는 이스라엘 백성들을 이끌어 젖과 꿀이 흐르는 가나안 땅으로 인도하여 가셨습니다. 이스라엘 백성들이 가나안 땅에 이르기 전에 하나님은 모세를 통하여 십계명을 이스라엘 백성들에게 선포하였으며, 또한 이스라엘 백성들이 마땅히 행하여야 할 하나님의 명령과 규례와 법도를 가르쳐 반드시 지키도록 전하였습니다.

다음의 말씀은 여호와께서 택하신 선민 이스라엘이 행하여야 할 법도 중에 '혼인'에 관한 메시지입니다. 여기서 하나님은 이스라엘이 이방인과의 혼인을 엄격하게 금하고 있음을 보게 됩니다.

네 하나님 여호와께서 너를 인도하사

네가 가서 차지할 땅으로 들이시고 네 앞에서

여러 민족 헷 족속과 기르가스 족속과 아모리 족속과

가나안 족속과 브리스 족속과 히위 족속과 여부스 족속

곧 너보다 많고 힘이 센 일곱 족속을 쫓아내실 때에

네 하나님 여호와께서 그들을 네게 넘겨 네게 치게 하시리니

그 때에 너는 그들을 진멸할 것이라

그들과 어떤 언약도 하지 말 것이요

그들을 불쌍히 여기지도 말 것이며

또 그들과 혼인하지도 말지니

네 딸을 그들의 아들에게 주지 말 것이요

그들의 딸도 네 며느리로 삼지 말 것은

그가 네 아들을 유혹하여 그가 여호와를 떠나고

다른 신들을 섬기게 하므로 여호와께서 너희에게 진노하사

갑자기 너희를 멸하실 것임이니라

(신 7:1-4)

솔로몬 왕을 통하여 얻는 교훈

 하나님께서 택하신 선민 이스라엘에 대하여 왜 이렇게까지 이방인들과의 혼인을 엄격히 금하고 있는가를 극명하게 보여 주는 사건이 있습니다. 솔로몬 왕의 삶을 통하여 우리는 하나님께서 왜 이방인들과의 혼인을 그리도 엄격하게 금하셨는지 이유를 확실히 발견하게 될 것입니다.

 솔로몬은 다윗이 밧세바를 통하여 얻은 아들입니다. 하나님께서도 솔로몬을 특별히 사랑하셨습니다.

> 다윗이 그의 아내 밧세바를 위로하고
> 그에게 들어가 그와 동침하였더니
> 그가 아들을 낳으매 그의 이름을 솔로몬이라 하니라
> 여호와께서 그를 사랑하사 선지자 나단을 보내
> 그의 이름을 여디디야라 하시니
> 이는 여호와께서 사랑하셨기 때문이더라
>
> (삼하 12:24-25)

 하나님께서 솔로몬을 사랑하셔서 나단 선지자를 보내어 솔로몬에게 '여디디야'라 하는 또 다른 이름을 주셨는데, 의미는 "여호와께서 사랑하시는 자"라는 뜻입니다. 그로 보건대 솔로몬은 참으로 하나님의 사랑을 받는 자이며, 솔로몬 역시 하나님을 사랑하는 자임이 분명하였습니다.

솔로몬은 전무후무한 지혜자

솔로몬의 기도에 하나님께서 감동하셨습니다. 하나님은 솔로몬의 기도를 들으시고 그가 구하는 '지혜'를 주셨을 뿐만이 아니라 그가 구하지도 아니한 부귀와 영광도 허락하셨습니다.

나의 하나님 여호와여 주께서 종으로
종의 아버지 다윗을 대신하여 왕이 되게 하셨사오나
종은 작은 아이라 출입할 줄을 알지 못하고
주께서 택하신 백성 가운데 있나이다 그들은 큰 백성이라
수효가 많아서 셀 수도 없고 기록할 수도 없사오니
누가 주의 이 많은 백성을 재판할 수 있사오리이까
듣는 마음을 종에게 주사 주의 백성을 재판하여
선악을 분별하게 하옵소서 솔로몬이 이것을 구하매
그 말씀이 주의 마음에 든지라
이에 하나님이 그에게 이르시되 네가 이것을 구하도다
자기를 위하여 장수하기를 구하지 아니하며
부도 구하지 아니하며 자기 원수의 생명을 멸하기도
구하지 아니하고 오직 송사를 듣고 분별하는 지혜를 구하였으니
내가 네 말대로 하여 네게 지혜롭고 총명한 마음을 주노니
네 앞에도 너와 같은 자가 없었거니와

네 뒤에도 너와 같은 자가 일어남이 없으리라

(왕상 3:7-12)

솔로몬은 전무후무한 지혜자가 되었고, 세계 열방이 왕들까지도 사람들을 보내어 솔로몬의 지혜의 말을 듣고자 하였으며, 그들은 찾아와 솔로몬의 지혜의 말을 듣고, 감탄하며 돌아갔습니다(왕상 4:34).

스바 여왕이 솔로몬의 지혜에 놀라다

스바의 여왕이 여호와의 이름으로 말미암은

솔로몬의 명성을 듣고 와서

어려운 문제로 그를 시험하고자 하여 예루살렘에 이르니

수행하는 자가 심히 많고 향품과

심히 많은 금과 보석을 낙타에 실었더라

그가 솔로몬에게 나아와 자기 마음에 있는 것을 다 말하매

솔로몬이 그가 묻는 말에 다 대답하였으니 왕이 알지 못하여

대답하지 못한 것이 하나도 없었더라

스바의 여왕이 솔로몬의 모든 지혜와 그 건축한 왕궁과

그 상의 식물과 그의 신하들의 좌석과

그의 시종들이 시립한 것과 그들의 관복과 술 관원들과

여호와의 성전에 올라가는 층계를 보고 크게 감동되어

왕께 말하되 내가 내 나라에서 당신의 행위와

당신의 지혜에 대하여 들은 소문이 사실이로다

내가 그 말들을 믿지 아니하였더니 이제 와서 친히 본즉

내게 말한 것은 절반도 못되니 당신의 지혜와 복이

내가 들은 소문보다 더하도다

복되도다 당신의 사람들이여 복되도다 당신의 이 신하들이여

항상 당신 앞에 서서 당신의 지혜를 들음이로다

(왕상 10:1-8)

지혜의 왕, 솔로몬이 이방 여인들을 아내로 삼은 후에 타락하여 하나님께 버림받다

솔로몬 왕이 바로의 딸 외에 이방의 많은 여인을 사랑하였으니

곧 모압과 암몬과 에돔과 시돈과 헷 여인이라

여호와께서 일찍이 이 여러 백성에 대하여

이스라엘 자손에게 말씀하시기를

너희는 그들과 서로 통혼하지 말며

그들도 너희와 서로 통혼하게 하지 말라

그들이 반드시 너희의 마음을 돌려

그들의 신들을 따르게 하리라 하셨으나

솔로몬이 그들을 사랑하였더라

왕은 후궁이 칠백 명이요 첩이 삼백 명이라

그의 여인들이 왕의 마음을 돌아서게 하였더라

솔로몬의 나이가 많을 때에 그의 여인들이

그의 마음을 돌려 다른 신들을 따르게 하였으므로

왕의 마음이 그의 아버지 다윗의 마음과 같지 아니하여

그의 하나님 여호와 앞에 온전하지 못하였으니

이는 시돈 사람의 여신 아스다롯을 따르고

암몬 사람의 가증한 밀곰을 따름이라

솔로몬이 여호와의 눈앞에서 악을 행하여

그의 아버지 다윗이 여호와를

온전히 따름 같이 따르지 아니하고

모압의 가증한 그모스를 위하여

예루살렘 앞 산에 산당을 지었고

또 암몬 자손의 가증한 몰록을 위하여 그와 같이 하였으며

그가 또 그의 이방 여인들을 위하여 다 그와 같이 한지라

그들이 자기의 신들에게 분향하며 제사하였더라

솔로몬이 마음을 돌려 이스라엘의 하나님 여호와를 떠나므로

여호와께서 그에게 진노하시니라

여호와께서 일찍이 두 번이나 그에게 나타나시고

이 일에 대하여 명령하사 다른 신을 따르지 말라 하셨으나

그가 여호와의 명령을 지키지 않았으므로

여호와께서 솔로몬에게 말씀하시되 네게 이러한 일이 있었고

또 네가 내 언약과 내가 네게 명령한 법도를

지키지 아니하였으니

내가 반드시 이 나라를 네게서 빼앗아 네 신하에게 주리라

(왕상 11:1-11)

전무후무한 지혜의 왕 솔로몬조차도 이방 여인들을 후궁으로 맞이한 결과 그들에게 미혹되어 여호와의 눈앞에서 악을 행하여 여호와를 온전히 따르지 아니하고 온 이스라엘에 각종 이방 신들에게 분향할 산당을 지어 제사를 드렸습니다. 여호와께서 일찍이 두 번이나 그에게 나타나시고 이 일에 대하여 명령하사 다른 신을 따르지 말라 하셨으나 그가 여호와의 명령을 지키지 않았으므로 마침내 하나님께 버림을 받았습니다.

그러므로 여호와 하나님은 이방인과의 혼인을 철저하게 금하신 것이며, 하나님의 영을 받아 지음을 받은 아담의 후손(하나님의 아들들)들이 사람의 딸(창세기 1장의 창조된 사람들)을 택하여 아내를 삼자, 하나님은 아담과 아담의 후손들에게서 당신의 영을 거두신 것입니다.

하나님의 영을 받아 지음을 받은 아담의 후손들까지 타락하여 하나님께서 그들에게서 영을 거두어 가심으로 그들도 동일한 육체가 되고, 이들의 죄악이 세상에 가득함과 그의 마음으로 생각하는 모

든 계획이 항상 악할 뿐임을 보시고 땅 위에 사람 지으셨음을 한탄하사 마음에 근심하셨다고 하였습니다. 마음이 아파하셨습니다.

아담의 타락은 사단의 유혹을 받아 하나님이 금하신 선악과를 따서 먹음으로 인하여 범죄자가 되면서부터 시작되었습니다. 하나님의 영을 받아 지음을 받은 아담의 타락은 창세기 1장에서의 인간 타락의 상황과는 전혀 다릅니다. 영으로 지음을 받은 아담의 후손들까지도 사단의 지배를 받아 죄악에 빠져 타락하게 되자 하나님은 참으로 한탄하시고, 마음으로 크게 근심하셨으며, 아파하셨으며, 왜 사람을 만드셨을까 하고 괴로워하셨습니다.

처음 인간 타락에 대해서는 사람들을 긍휼히 여기시고, 멸하시기를 기뻐하지 아니하시고 물로 그들을 심판하지 아니하시고 사단의 손에 넘기셨습니다. 그 후에 하나님은 이들에 대한 구원의 길을 열고자 소망을 가지고 아담을 창조하시되 하나님의 영을 부어 창조하셨습니다. 하지만 이렇게 지음을 받은 아담조차도 사단의 유혹에 넘어가 범죄하게 되고, 에덴동산에서 쫓겨난 후에 하나님의 영으로 지음을 받은 아담의 후손들이 하나님의 영이 없는 사람의 딸들과 연합하게 되었습니다. 이를 본 하나님은 아담의 후손들에게서 당신의 영을 거두시매 그들이 육체가 되었습니다. 이로써 하나님의 기대와 소망이 완전히 무너지고 말았습니다.

세상의 구원의 도구로서 하나님의 영을 받아 지음을 받은 아담까지 사단의 유혹으로 넘어지고 말았습니다. 후에는 아담의 후손들도 함께 악한 자들이 되어 하나님이 기대하셨던 세상에 대한 구원의 여망이 없어졌습니다. 이제 육체가 된 사람들의 행위가 항상 악할 뿐임을 보신 하나님은 땅 위에 사람 지으셨음을 한탄하사 아담을 통한 구원의 계획 속에서 그동안 보류하였던 심판을 행하신 것입니다. 결국 사람들을 땅에서 쓸어버리시려고 물로 심판하신 것입니다.

셋째 : 선한 청지기로서의 아담

하나님은 세상을 복되고 아름답고 풍요롭게 창조하셨습니다. 그리고 이 땅에 하나님의 선하신 뜻에 따라 하나님의 형상과 모양을 따라 사람을 창조하여 세상의 모든 만물을 다스리는 권한을 허락하시고 창대하고 번성하도록 축복하시었습니다. 선하신 하나님, 사랑으로 충만하신 하나님은 세상에 선함이 가득하고 사랑으로 충만하기를 바라셨습니다. 창세기 1장에서 하나님께서 행하신 사람 창조에 대한 말씀을 보겠습니다.

> 하나님이 이르시되 우리의 형상을 따라 우리의 모양대로
> 우리가 사람을 만들고 그들로
> 바다의 물고기와 하늘의 새와 가축과

온 땅과 땅에 기는 모든 것을 다스리게 하자 하시고
하나님이 자기 형상 곧 하나님의 형상대로 사람을 창조하시되
남자와 여자를 창조하시고
하나님이 그들에게 복을 주시며 하나님이 그들에게 이르시되
생육하고 번성하여 땅에 충만하라, 땅을 정복하라,
바다의 물고기와 하늘의 새와 땅에
움직이는 모든 생물을 다스리라 하시니라

(창 1:26-28)

하나님께서는 세상과 세상에 속한 모든 만물을 만드신 후에 하나님의 형상과 모양을 따라 사람을 창조하시고 그들에게 복을 주시며 말씀하시기를 땅을 정복하고 땅에 있는 모든 생물을 다스리라는 권세를 주시었습니다. 그런데 이렇게 다스리는 권세를 가진 사람들이 사단의 유혹으로 타락함으로 악을 행하는 자들이 되므로 세상에 죄악이 가득하게 되고, 이에 따라서 모든 피조물이 고통을 받게 된 것입니다.

사단의 유혹을 받은 인생은 사단의 하수인이 되어 죄악을 행하며, 생각하고 계획하는 것마다 항상 악하여 세상에는 선을 찾을 길이 없고 사악함이 넘치는 세상이 되고 말았습니다. 이들의 악함은 하나님이 이 땅에 창조하신 모든 피조물에까지 영향을 받았으며 이로 인하여 세상 모든 피조물의 탄식이 하늘에 사무쳤습니다.

> 피조물이 고대하는 바는 하나님의 아들들이 나타나는 것이니
> 피조물이 허무한 데 굴복하는 것은 자기 뜻이 아니요
> 오직 굴복하게 하시는 이로 말미암음이라
> 그 바라는 것은 피조물도 썩어짐의 종노릇 한 데서 해방되어
> 하나님의 자녀들의 영광의 자유에 이르는 것이니라
>
> (롬 8:19-21)

세상의 모든 피조물의 고통 소리는 하늘에 사무쳤고, 이 소리를 들으신 하나님은 피조물들을 고통에서 건져내시며 썩어짐의 종노릇 한 데서 해방시키며, 하나님 자녀들의 영광의 자유에 이르도록 하시기 위하여 하나님의 영의 인도함을 받는 아담을 새로이 창조하신 것입니다.

하나님은 악에 치우친 세상, 고통 중에 괴로워하는 세상을 선하신 하나님의 뜻대로 다스릴 사람이 필요하셨습니다. 그리하여 하나님은 아담을 새로이 창조하시되 이전 창조와는 다르게 창조하셨습니다. 아담에게는 하나님의 영을 부어 창조하신 것입니다. 즉 하나님의 영의 인도함을 받는 사람으로 창조하신 것입니다. 세상을 하나님의 뜻에 합당하게 다스리며, 관리하도록 한 것입니다. 아담은 선하신 하나님의 영의 인도하심을 받아 타락한 사람들을 구원의 길로 인도하며, 세상을 선으로 다스리며, 모든 피조물에 자유함을 주며, 고통에서 해방시키는 사명을 부여받은 선한 청지기로서의 사명

이 주어진 것입니다.

 오늘날에도 부름을 받아 사역자들로 세움을 입은 사람들에게 주어진 사명 역시 청지기의 사명으로서 진실되고 선한 청지기의 사명이며, 구원받은 성도들에게 주어진 사명 역시 선한 청지기의 사명입니다. 하나님의 성령으로 인침을 받고 하나님의 자녀된 자들은 모두가 세상에 보냄을 받은 하나님의 선한 청지기라는 사실을 명심하여야 합니다.

베드로가 여짜오되 주께서 이 비유를 우리에게 하심이니이까
모든 사람에게 하심이니이까
주께서 이르시되 지혜 있고 진실한 청지기가 되어
주인에게 그 집 종들을 맡아 때를 따라
양식을 나누어 줄 자가 누구냐
주인이 이를 때에 그 종이 그렇게 하는 것을 보면
그 종은 복이 있으리로다
내가 참으로 너희에게 이르노니 주인이
그 모든 소유를 그에게 맡기리라

(눅 12:41-44)

만물의 마지막이 가까이 왔으니
그러므로 너희는 정신을 차리고 근신하여 기도하라

무엇보다도 뜨겁게 서로 사랑할지니

사랑은 허다한 죄를 덮느니라

서로 대접하기를 원망 없이 하고

각각 은사를 받은 대로 하나님의 여러 가지 은혜를 맡은

선한 청지기 같이 서로 봉사하라

(벧전 4:7-10)

넷째 : 하나님의 사랑의 대상으로서의 아담

사랑하는 자들아 우리가 서로 사랑하자

사랑은 하나님께 속한 것이니

사랑하는 자마다 하나님으로부터 나서 하나님을 알고

사랑하지 아니하는 자는 하나님을 알지 못하나니

이는 하나님은 사랑이심이라

하나님의 사랑이 우리에게 이렇게 나타난 바 되었으니

하나님이 자기의 독생자를 세상에 보내심은

그로 말미암아 우리를 살리려 하심이라

사랑은 여기 있으니 우리가 하나님을 사랑한 것이 아니요

하나님이 우리를 사랑하사 우리 죄를 속하기 위하여

화목 제물로 그 아들을 보내셨음이라

사랑하는 자들아 하나님이 이같이 우리를 사랑하셨은즉

우리도 서로 사랑하는 것이 마땅하도다

어느 때나 하나님을 본 사람이 없으되

만일 우리가 서로 사랑하면

하나님이 우리 안에 거하시고

그의 사랑이 우리 안에 온전히 이루어지느니라

그의 성령을 우리에게 주시므로 우리가 그 안에 거하고

그가 우리 안에 거하시는 줄을 아느니라

(요일 4:7-13)

하나님은 사랑이시라 하였습니다. 그러므로 사랑하는 자는 하나님은 알고, 사랑하지 아니하는 자는 하나님을 알지도 못한다고 하였습니다.

 하나님께서 아담을 창조하시되 '땅의 흙으로 아담을 지으시고 생기(숨, 성령)를 그 코에 불어넣으시니 사람이 생령이 되게 하심'은 아담으로 하여금 아담이 하나님 안에 있으며, 하나님께서 아담 안에 거하심을 알게 하려 하심입니다. 또한 하나님께서 아담 안에 성령을 허락하심은 아담으로 하여금 하나님의 사랑을 알고, 그 사랑에 감응을 할 수 있는 자가 되게 하사 하나님 사랑과 이웃 사랑을 실천할 수 있는 자가 되게 하려는 목적입니다.

하나님의 영이 없는 자는 하나님의 사랑을 받고 살고 있으면서도 그 사랑을 알 수가 없습니다. 느끼지도 못하며, 그 사랑에 대해 감사로 반응할 수도 없는 것입니다. 하나님께서 아담을 창조하시되 하나님의 영을 부어 하나님의 아들로 창조하심은 하나님 안에 있는 주체할 수 없는 넘치는 사랑을 주시려는 것이었습니다. 또한 그 사랑에 감응하는 자가 되게 하신 것입니다. 그러기에 아담은 하나님의 사랑의 대상으로서 창조된 것입니다.

참 만족과 진정한 안식은 내 안에 있는 끼를 다 발산한 후에 얻어지는 것이라고 하였습니다. 그렇습니다. 하나님은 사랑이십니다. 사랑이 넘치는 하나님은 그 사랑의 대상이 필요하기에 하나님 사랑의 대상으로서 합당한 아담을 창조하셨습니다. 아담을 창조하심에 있어 하나님의 영을 부어 만드셨습니다. 즉 하나님의 자녀로 창조하셨습니다. 하나님은 당신의 자녀, 자기 백성에 대한 사랑을 이같이 표현하고 있습니다.

> 아들을 낳으리니 이름을 예수라 하라
> 이는 그가 자기 백성을 그들의 죄에서
> 구원할 자이심이라 하니라
>
> (마 1:21)

예수께서 이 땅에 육신을 입으시고 친히 오심에 대하여 이같이 말하고 있습니다. 임마누엘하시는 하나님은 당신의 자녀들, 자기 백성을 구원하시기 위하여 오셨다는 말입니다. 당신의 자녀, 자기 백성에 대한 자신의 희생적 사랑을 보여 주신 것입니다. 하나님께서는 아담을 사랑의 대상으로 창조하시었기에 시시때때로 에덴동산을 찾아오셔서 아담과 대화를 나누시며 사랑을 주신 것입니다.

다섯째 : 대화의 상대자로서의 아담

> 태초에 말씀이 계시니라 이 말씀이 하나님과 함께 계셨으니
> 이 말씀은 곧 하나님이시니라
> 그가 태초에 하나님과 함께 계셨고
> 만물이 그로 말미암아 지은 바 되었으니
> 지은 것이 하나도 그가 없이는 된 것이 없느니라
>
> (요 1:1-3)

말씀은 곧 하나님이시라 하였습니다.

그러므로 하나님은 말씀하시는 분이시며, 말씀을 들으시는 분이시며, 말씀으로 모든 것을 이루시는 분이십니다. 그러므로 천지와 만물을 말씀으로 창조하신 분이십니다. 하나님은 말씀이시며, 말씀하시는 분이시기에 대화의 상대가 필요하셨습니다. 이 대화의 상대자로서 아담을 창조하신 것입니다. 하나님께서 아담을 창조하시되 땅의 흙으로 사람을 지으시되 생기를 그 코에 불어넣어 생령이 되

게 하신 이유는 하나님과의 대화가 가능한 자로 창조하신 것입니다. 아담은 하나님의 영을 받아 지음을 받았기에 하나님과 대화가 통할 수 있었습니다. 하나님의 영, 성령의 역사가 아니고는 하나님과의 대화가 불가능합니다.

신약에 기록된 말씀을 통하여 예수님의 제자들에게 하신 말씀을 듣겠습니다. 어느 날 예수께서 해변에 모여든 무리를 향하여 여러 가지를 가르치시되 천국의 비밀을 비유로 말씀하셨습니다. 여러 말씀을 하시는 중에 씨뿌리는 자에 대한 비유의 말씀도 있었습니다. 비유의 말씀을 다음과 같습니다.

> 씨를 뿌리는 자가 뿌리러 나가서 뿌릴새
> 더러는 길 가에 떨어지매 새들이 와서 먹어버렸고
> 더러는 흙이 얕은 돌밭에 떨어지매 흙이 깊지 아니하므로
> 곧 싹이 나오나 해가 돋은 후에 타서 뿌리가 없으므로 말랐고
> 더러는 가시떨기 위에 떨어지매 가시가 자라서 기운을 막았고
> 더러는 좋은 땅에 떨어지매 어떤 것은 백 배, 어떤 것은 육십 배,
> 어떤 것은 삼십 배의 결실을 하였느니라
> 귀 있는 자는 들으라
>
> (마 13:3-9)

제자들이 예수께 나아와 이르되 어찌하여

그들에게 비유로 말씀하시나이까 대답하여 이르시되
천국의 비밀을 아는 것이 너희에게는 허락되었으나
그들에게는 아니되었나니 무릇 있는 자는 받아
넉넉하게 되되 없는 자는 그 있는 것도 빼앗기리라

그러므로 내가 그들에게 비유로 말하는 것이
그들이 보아도 보지 못하며
들어도 듣지 못하며 깨닫지 못함이니라

이사야의 예언이 그들에게 이루어졌으니 일렀으되
너희가 듣기는 들어도 깨닫지 못할 것이요
보기는 보아도 알지 못하리라
이 백성들의 마음이 완악하여져서
그 귀는 듣기에 둔하고 눈은 감았으니
이는 눈으로 보고 귀로 듣고 마음으로 깨달아 돌이켜
내게 고침을 받을까 두려워함이라 하였느니라

그러나 너희 눈은 봄으로, 너희 귀는 들음으로 복이 있도다

(마 13:10-16)

비유의 말씀을 들은 제자들이 "왜 저들에게 비유로 말씀하십니까?" 하고 물었습니다. 이 질문에 대하여 예수님은 말씀하시기를

"저들은 듣기는 들어도 깨닫지 못할 것이요, 보기는 보아도 알지 못하리라" 하고 이유를 말씀하셨습니다. 왜냐하면 영적인 일은 영적인 것으로만 분별할 수 있으며 깨달을 수 있기 때문이며, 예수님의 말씀은 영의 말씀이기 때문입니다.

예수님께서 이 땅에 어떻게 오셨나요?
예수님의 오심을 일러 이르기를 '성육신'하셨다고 합니다. 다시 말하면 성령이 육신을 입으셨다는 말입니다. 말씀이 영이십니다. 말씀이 육신을 입고 오셨습니다.

다음의 말씀들을 보며 깊이 생각해 봅시다.

살리는 것은 영이니 육은 무익하니라
내가 너희에게 이른 말은 영이요 생명이라

(요 6:63)

우리가 이것을 말하거니와 사람의 지혜가 가르친 말로 아니하고
오직 성령께서 가르치신 것으로 하니
영적인 일은 영적인 것으로 분별하느니라
육에 속한 사람은 하나님의 성령의 일들을 받지 아니하나니
이는 그것들이 그에게는 어리석게 보임이요,
또 그는 그것들을 알 수도 없나니

그러한 일은 영적으로 분별되기 때문이라

(고전 2:13-14)

이제 하나님께서 아담을 창조하시며, 아담에게는 땅의 흙으로 빚어(하나님의 형상과 모양을 따라) 지으셨으나, 이전에 창조하신 사람들과는 달리 특별히 그 코에 생기(숨=영, 성령)을 불어 넣어 생령이 되게 하신 이유가 분명해졌습니다.

하나님의 영이 없는 자는 하나님과의 교감이 이루어지지 않습니다. 아담에게는 하나님의 영이 있기에 하나님의 말씀을 듣고 깨달을 수 있고, 하나님의 말씀에 대한 분별력이 있기에 하나님과의 대화가 가능하였습니다. 아담 창조는 하나님께서 대화의 상대를 원하셨던 것입니다.

여섯째 : 하나님의 기쁨으로서의 아담

너의 하나님 여호와가 너의 가운데에 계시니
그는 구원을 베푸실 전능자이시라
그가 너로 말미암아 기쁨을 이기지 못하시며
너를 잠잠히 사랑하시며
너로 말미암아 즐거이 부르며 기뻐하시리라 하리라

(습 3:17)

스바냐 선지자를 통하여 하신 말씀에서 하나님의 기쁨이 어디에 있으며, 무엇 때문에 기뻐하시는가를 잘 알 수 있습니다. 이는 구원을 받은 영혼을 바라보시는 하나님의 마음, 기뻐 어찌할 줄을 모르는 하나님의 심정을 표현하고 있습니다. 이로 보건대 하나님은 창조하신 인생으로 인하여 얻고자 하신 기쁨을 누리기를 소망하며 기대를 가졌으나 창조하신 인생들이 사단의 유혹으로 죄악 가운데 헤매며 삶이 악행으로 가득함으로 인하여 기쁨을 잃어버렸습니다. 이 기쁨을 다시 찾기 위하여 하나님은 아담을 새로이 창조하신 것입니다.

아담을 창조하시되 당신의 영을 부어 창조하신 후에 아담을 에덴 동산으로 인도하여 그곳에 살게 하시며 때때로 동산을 찾아오셔서 아담을 만나 담소하시며 기뻐하시는 하나님의 기쁨이 이렇지 않았을까 생각하여 봅니다.

"내가 너로 인하여 기쁨을 이기지 못하며,
너를 잠잠히 사랑하며,
너로 말미암아 즐거이 부르며 기뻐하리라."

구원받은 성도들의 삶 속에서 요구되는 것은 무엇일까요?
수없이 많은 것을 이야기할 수 있을 것입니다. 믿음의 삶, 사랑의 삶, 구제의 삶, 봉사의 삶 등등 이루 헤아릴 수 없는 것들을 말할 수 있습니다. 그러나 이 모든 것들을 한마디로 함축하여 말한다면 그것은 "주를 기쁘시게 하는 일"입니다.

주께 기쁘시게 할 것이 무엇인가 시험하여 보라

(엡 5:10)

사도인 바울은 모든 믿는 자들을 향하여 권하기를 "주님을 기쁘게 하여드리는 일이 무엇인지를 가려내십시오. 그리고 그 일을 행하십시오"라고 권합니다. 우리가 주님을 참으로 기쁘시게 하는 일을 행한다면 어떤 권면의 말도 더 이상 필요하지 않을 것입니다. 그 사람은 믿음의 온전한 길에 서 있다고 말할 것입니다.

아담의 창조 목적이 잃어버린 하나님의 기쁨을 찾고자 하는 데 목적이 있는 것입니다.

일곱째 : 잃어버린 안식을 얻기 위하여 창조된 아담

진정한 안식은 언제 얻어지나요?
진정한 안식이란 이루고자 하는 뜻과 목적을 달성할 뿐만이 아니라, 마음에 품은 열정을 모두 쏟아 놓은 후에 얻어지는 것이라고 생각합니다. 그런 의미에서 생각한다면 하나님은 일을 마치고 안식하셨으나 '참된 안식'은 얻지를 못하였습니다. 왜냐하면 하나님의 형상과 모양을 따라 창조한 인생들이 하나님의 기쁨이 되지 못하였기 때문입니다. 그러므로 하나님은 안식을 얻지를 못하였습니다. 하나님의 안식이 깨어지고 말았습니다.

먼저 창조된 인생들의 타락으로 인하여 깨어지고 잃어버린 안식을 얻기 위하여 아담을 새로이 창조하시되 하나님의 영을 허락하시어 하나님의 마음과 생각을 알아 하나님의 뜻을 이루도록 하셨습니다. 이렇게 하나님의 뜻이 이루어지는 것은 하나님의 안식이 될 것입니다. 아담을 새로이 창조한 이유도 여기에 있다고 생각입니다.

이와 같은 이유들로 하나님께서 아담이라는 새 사람을 창조하실 필요를 느끼셨으며, 그 목적은 하나님의 영을 허락하여 지음을 받은 아담을 통해 잃어버린 영혼들을 구원하시고자 하는 것이었습니다. 또한 하나님이 원하시고 기뻐하시고, 바라시는 평화롭고 복된 세상을 이루고자 한 것이었습니다.

아담은 오실 자의 모형이다

죄가 율법 있기 전에도 세상에 있었으나
율법이 없었을 때에는 죄를 죄로 여기지 아니하였느니라
그러나 아담으로부터 모세까지 아담의 범죄와 같은
죄를 짓지 아니한 자들까지도 사망이 왕노릇 하였나니
아담은 오실 자의 모형이라
(롬 5:13-14)

'아담은 오실 자의 모형'이라는 말은
아담은 하나님의 영이 육신을 입고
세상을 구원하시기 위하여
이 땅에 오실 예수님의 모형이라는 말입니다.

제 6 장
아담은 오실 자의 모형이다

죄가 율법 있기 전에도 세상에 있었으나
율법이 없었을 때에는 죄를 죄로 여기지 아니하였느니라
그러나 아담으로부터 모세까지 아담의 범죄와 같은
죄를 짓지 아니한 자들까지도 사망이 왕노릇 하였나니
아담은 오실 자의 모형이라

(롬 5:13-14)

아담은 오실 자의 모형(예표)이다

'오실 자'라는 말은 보편적으로 인류 구원을 위하여 이 세상에 오시기로 약속된 메시야, 곧 예수 그리스도를 가리킵니다. '모형'이라는 말은 '표상', '전형', '예표'라는 의미입니다. 위의 말씀 중에서 '아담은 오실 자의 모형'이라는 말씀이 의미하는 바는 아담의 행위(범법 행위)가 전 인류에게 영향을 미쳤듯이, 예수 그리스도의 행위(의의 행위)도 전 인류에게 영향을 미칠 것을 의미합니다.

그러나 저는 여기서 한 걸음 더 나아가 두 가지의 특징적인 면에서 '아담이 오실 자의 모형'의 의미를 생각해 보고자 합니다. 모형이란 모델이라는 의미이기도 하는데, 이는 실물의 특성을 잘 보이거나 쉽게 설명하기 위해 실물을 본떠 만든 본보기를 가리킨다. 또한 모형은 이미 있거나 만들기로 계획된 물건의 특성을 보다 잘 나타내기 위해 만드는 것입니다.

'아담은 오실 자의 모형'이라는 말은 아담은 하나님의 영이 육신을 입고 세상을 구원하시기 위하여 이 땅에 오실 예수님의 모형이라는 말입니다.

예수 그리스도가 이 땅에 오심에는 두 가지의 특징이 있습니다. 첫 번째 특징은 하나님의 영이 육신을 입으셨다는 것입니다.

> 예수 그리스도의 나심은 이러하니라
> 그의 어머니 마리아가 요셉과 약혼하고 동거하기 전에
> 성령으로 잉태된 것이 나타났더니
>
> (마 1:18)

말씀이 육신이 되어 우리 가운데 거하시매

우리가 그의 영광을 보니

아버지의 독생자의 영광이요 은혜와 진리가 충만하더라

(요 1:14)

살리는 것은 영이니 육은 무익하니라

내가 너희에게 이른 말은 영이요 생명이라

(요 6:63)

두 번째 특징은 세상을 구원할 사명자로 오셨다는 것입니다.

아들을 낳으리니 이름을 예수라 하라

이는 그가 자기 백성을 그들의 죄에서

구원할 자이심이라 하니라

(마 1:21)

아담이 예수님의 모형(모델)이기에 아담에게도 두 가지의 특징이 있습니다.

첫 번째 특징은 예수님께서 성령으로 잉태되어 육신을 입고 태어나셨던 것처럼 아담은 하나님께서 흙으로 사람을 지으시고 생기(하나님의 영, 성령)를 불어넣어 생령이 되었습니다.

두 번째 특징은 하나님께서 생기를 불어넣어 아담을 새로이 지으심은 창세기 1장에서 잃은 영혼을 구원하시기 위함이었습니다. 그러므로 아담에게는 세상을 구원할 사명이 주어진 것입니다.

위에서 살펴본 것처럼 아담이 예수 그리스도의 모형이기에 예수 그리스도의 세상에 오심과 같은 특징을 가지는 것입니다. 예수 그리스도께서 성령으로 잉태되어 육신을 입으신 것처럼 아담 역시 흙으로 지음을 받은 육신에 하나님의 생기(숨, 하나님의 영)를 부어 창조되었으며, 예수 그리스도께서 세상을 구원할 사명자로서 세상에 오신 것처럼, 하나님께서 아담을 창조하시되 하나님의 생기(숨, 하나님의 영)를 불어넣어 생령이 되게 하심은 사단에게 잃어버린 사람들을 구원하시고자 하는 목적이 있는 것입니다. 그러므로 아담에게는 예수 그리스도와 같이 세상을 구원할 사명이 주어진 것입니다. 다시 말하면 하나님께서 아담을 새로이 창조하심은 사단의 유혹에 넘어가 항상 악할 뿐이며, 하나님을 찾지 않는 사람들을 구원하시려는 창조의 목적이 있는 것입니다.

아담 창조 이전에 구원을 받아야만 할 사람이 존재하였다.
만일 아담이 인류의 시조이며, 아담 전에는 사람이 존재하지 않았다면, 아담 전에는 사람이 존재하지 않았기에 범죄의 사실이 없었을 것이 당연합니다. 그렇다면 누구를 죄 가운데서 구원할 구원자로서의 아담을 새로이 창조할 이유는 없었을 것입니다. 이로 보건대 아담을 새로이 창조하시기 전에 이미 구원을 받아야만 할 사람이 존재하였습니다.

그렇다면 그들은 누구일까요?

살리는 영으로 지음을 받은 아담, 세상을 구원할 사명을 부여받고 창조된 아담이 구원해야 할 사람들은 누구일까요? 이들이 바로 창세기 1장에서 창조된 사람들, 사단의 유혹에 넘어가 사단의 자식들이 되어 악을 행한 자들이며, 하나님을 찾지 않는 무리입니다. 또한 이들이 바로 가인이 하나님 앞에서 쫓겨났을 때에 만나는 자들로서 가인이 죽임을 받을까 두려워했던 자들입니다.

하나님의 물 심판은 아담의 범죄와 타락으로부터 온 것이다

창세기 1장에서 창조된 사람들이 사단의 유혹을 받아 타락하여 악을 행하고 하나님을 찾지 않으며, 계획하고 생각하는 것마다 항상 악할 뿐임을 보신 하나님은 이들을 심판하는 대신 사단의 손에 넘겼습니다. 심판 대신 도리어 이들을 구원하시기 위하여 아담을 창조하시되 하나님의 생기(하나님의 영, 하나님의 숨=예수의 숨)를 그 코에 불어넣어 생령이 되게 하셨습니다. 하나님이 영을 받은 자를 하나님의 아들이라 말씀하신 대로 아담을 하나님의 아들로 창조하신 것입니다. 이 아들로 인하여 세상을 구원하시고자 하였던 것입니다. 이것은 장차 하나님의 아들로서, 성령으로 잉태하여 육신의 옷을 입고, 세상을 구원하시기 위하여 오실 예수 그리스도의 모형입니다.

 이러한 구원의 계획 가운데 창조하신 아담마저 사단의 유혹에 넘어져 범죄하고 타락하므로 인하여 하나님은 크게 실망하셨고, 세상에 사람 지으심을 탄식하셨습니다. 이후에 하나님의 영을 받아 지음을 받은 아담의 후손(하나님의 아들들)들이 사람의 딸(하나님의 영이 없는 창세기 1장에 창조된 사람들)들의 아름다움을 보고 자기들이 좋아하는 모든 여자를 아내로 삼았습니다. 이때에 하나님이 당신의 자녀들인 하나님의 영을 부어 창조하신 아담의 후손들에게서 당신의 영을 거두셨습니다. 이제는 세상의 존재하는 모든 사람이 하나님의 영이 없는 육신이 되었습니다. 이때에 하나님은 비로소 심판의 홀을 내미신 것입니다.

  이르시되 내가 창조한 사람을 내가 지면에서 쓸어버리되
  사람으로부터 가축과 기는 것과 공중의 새까지 그리하리니
  이는 내가 그것들을 지었음을 한탄함이니라 하시니라
                                                    (창 6:7)

 하나님의 심판과 멸망과 저주는 하나님의 영을 받아 지음을 받은 아담의 범죄로 인하여 세상에 임한 것입니다. 실제로 하나님의 영을 받아 지음을 받은 아담의 범죄로 인하여 사망이 왔으며, 아담의 범죄 이후에 하나님은 세상을 물로 심판하신 것입니다. 이는 세

상의 구원자로 하나님의 영을 부어 창조하신 아담까지도 범죄함으로 사단에 매인 자 되매 세상의 구원이라는 소망이 사라졌기 때문입니다.

> 한 사람의 범죄로 말미암아
> 사망이 그 한 사람을 통하여 왕 노릇 하였은즉
> 더욱 은혜와 의의 선물을 넘치게 받는 자들은
> 한 분 예수 그리스도를 통하여 생명 안에서 왕 노릇 하리로다
> 그런즉 한 범죄로 많은 사람이 정죄에 이른 것 같이
> 한 의로운 행위로 말미암아 많은 사람이 의롭다 하심을 받아
> 생명에 이르렀느니라
>
> (롬 5:17-18)

첫 아담은 사단의 시험에 넘어져 범죄함으로 하나님의 창조의 목적인 세상을 구원하는 일에 실패자가 되었으나, 마지막 아담으로 오신 예수는 사단의 시험을 이김으로 세상을 구원하는 일에 성공자가 되었습니다.

> 아담 안에서 모든 사람이 죽은 것 같이
> 그리스도 안에서 모든 사람이 삶을 얻으리라
>
> (고전 15:22)

새 하늘과 새 땅

하나님께서 구원 얻은 성도를 위하여
준비하신 세상은 이 땅에 세워지는 세상이 아닙니다.

말 그대로 새 하늘과 새 땅입니다.
사단에게 넘겨진 세상도 아니며,
아담을 위하여 준비하셨던 에덴동산도 아닙니다.

이 세상은 종말을 맞이하게 될 것이며,
하나님이 새로이 준비하신 새 하늘과 새 땅이 임할 것입니다.

제 7 장
새 하늘과 새 땅

 구원받은 성도를 향하신 하나님이 계획하신 세상은 참으로 영광스러운 것입니다. 아마도 우리들의 상상을 초월하는 화려함의 극치일 것이며, 그 세상은 이전에 창조하신 세상을 말하는 것이 아닙니다. 이전에 창조하신 세상은 하나님 보시기에 "참으로 좋았더라" 하실 만큼 아름답고 풍성하며, 모든 것이 부족함이 없는 세상이었습니다. 그러나 이제 장차 구원받은 성도를 위하여 새로이 준비하신 세상은 이에 비할 바가 아닙니다. 하나님이 준비하신 새 하늘과 새 땅은 참으로 황홀할 것입니다. 아마도 만입이 있어도 구현할 수 없고, 사람의 글로는 표현할 수 없는 화려함의 극치일 것입니다.

새 하늘과 새 땅
 하나님께서 구원 얻은 성도를 위하여 준비하신 세상은 이 땅에 세워지는 세상이 아닙니다. 말 그대로 새 하늘과 새 땅입니다. 사단에게 넘겨진 세상도 아니며, 아담을 위하여 준비하셨던 에덴동산도 아닙니다. 이 세상은 종말을 맞이하게 될 것이며, 하나님이 새로이 준비하신 새 하늘과 새 땅이 임할 것입니다.

> 또 내가 새 하늘과 새 땅을 보니
> 처음 하늘과 처음 땅이 없어졌고 바다도 다시 있지 않더라
> 또 내가 보매 거룩한 성 새 예루살렘이
> 하나님께로부터 하늘에서 내려오니
> 그 준비한 것이 신부가 남편을 위하여 단장한 것 같더라
>
> (계 21:1-2)

새 예루살렘 : 구원받은 성도를 위하여 준비하신 성

> 일곱 대접을 가지고 마지막 일곱 재앙을 담은
> 일곱 천사 중 하나가 나아와서 내게 말하여 이르되
> 이리 오라 내가 신부 곧 어린 양의 아내를 네게 보이리라 하고
> 성령으로 나를 데리고 크고 높은 산으로 올라가
> 하나님께로부터 하늘에서 내려오는
> 거룩한 성 예루살렘을 보이니
> 하나님의 영광이 있어 그 성의 빛이
> 지극히 귀한 보석 같고 벽옥과 수정 같이 맑더라

크고 높은 성곽이 있고 열두 문이 있는데

문에 열두 천사가 있고 그 문들 위에 이름을 썼으니

이스라엘 자손 열두 지파의 이름들이라

동쪽에 세 문, 북쪽에 세 문, 남쪽에 세 문, 서쪽에 세 문이니

그 성의 성곽에는 열두 기초석이 있고

그 위에는 어린 양의 열두 사도의 열두 이름이 있더라

내게 말하는 자가 그 성과 그 문들과 성곽을 측량하려고

금 갈대 자를 가졌더라 그 성은 네모가 반듯하여

길이와 너비가 같은지라 그 갈대 자로 그 성을 측량하니

만 이천 스다디온이요 길이와 너비와 높이가 같더라

그 성곽을 측량하매 백사십사 규빗이니

사람의 측량 곧 천사의 측량이라

그 성곽은 벽옥으로 쌓였고 그 성은 정금인데 맑은 유리 같더라

그 성의 성곽의 기초석은 각색 보석으로 꾸몄는데

첫째 기초석은 벽옥이요 둘째는 남보석이요

셋째는 옥수요 넷째는 녹보석이요 다섯째는 홍마노요

여섯째는 홍보석이요 일곱째는 황옥이요 여덟째는 녹옥이요

아홉째는 담황옥이요 열째는 비취옥이요

열한번째는 청옥이요 열두째는 자수정이라

그 열두 문은 열두 진주니 각 문마다 한 개의 진주로 되어 있고

성의 길은 맑은 유리 같은 정금이더라

(계 21:9-21)

이렇게 화려하고 영광된 성에 들어갈 자는 누구입니까? 이 성에 들어갈 사람들은 이스라엘의 12지파 중에서 인침을 받은 자들이요, 하나님의 어린양이신 예수님의 열두 사도와 제자들이요, 각 나라와 족속과 백성과 방언에서 아무도 능히 셀 수 없는 큰 무리로서 이들은 모두가 흰 옷을 입고 손에 종려 가지를 들고 하나님의 보좌 앞과 어린양 앞에 서서 큰 소리로 외쳐 "구원하심이 보좌에 앉으신 우리 하나님과 어린양에게 있도다"(계 7:10) 하며 하나님께 경배하는 자들로서, 이들은 모두 어린양의 생명책에 그 이름이 기록된 자들입니다.

그러나 이 성에 들어가지 못할 자들이 있습니다.

> 그러나 두려워하는 자들과 믿지 아니하는 자들과
> 흉악한 자들과 살인자들과 음행하는 자들과 점술가들과
> 우상 숭배자들과 거짓말하는 모든 자들은
> 불과 유황으로 타는 못에 던져지리니 이것이 둘째 사망이라
>
> (계 21:8)

> 개들과 점술가들과 음행하는 자들과 살인자들과
> 우상 숭배자들과 및 거짓말을 좋아하며
> 지어내는 자는 다 성 밖에 있으리라
>
> (계 22:15)

새 예루살렘 성안에 있는 것과 없는 것

새 예루살렘 성에는 하나님의 영광으로 가득하며, 하나님과 그 어린양의 보좌가 그 가운데에 있어 그의 종들이 그를 섬기며 그의 얼굴을 볼 터이요, 목마른 자가 언제든지 값없이 마실 수 있는 생명수 샘물이 있으며, 수정같이 맑은 생명수 강이 흐르며, 생명수 강가에는 생명나무가 있어 열두 가지 열매를 맺으며, 달마다 그 열매를 맺고 그 나무의 잎사귀는 만국을 치료하기 위한 치료제가 됩니다.

> 또 그가 수정 같이 맑은 생명수의 강을 내게 보이니
> 하나님과 및 어린 양의 보좌로부터 나와서
> 길 가운데로 흐르더라 강 좌우에 생명나무가 있어
> 열두 가지 열매를 맺되 달마다 그 열매를 맺고
> 그 나무 잎사귀들은 만국을 치료하기 위하여 있더라
>
> (계 22:1-2)

새 예루살렘에는 밤이 없습니다. 이는 하나님의 영광이 비치고 어린양이 그 등불이 되시므로 인하여 이 성에는 해와 달의 비침이 쓸데없습니다. 또한 저주가 없으며 눈물을 흘릴 일이 없으리니 이는 사망이나 애통하는 것, 곡하는 것, 아픈 것이 다시는 있지 아니하리니 처음 것이 다 지나갔기 때문입니다. 아울러 성전이 없습니다. 이는 주 하나님 곧 전능하신 이와 및 어린양이 그 성전이 되시기 때문입니다.

눈물을 그 눈에서 닦아 주시니 다시는 사망이 없고

애통하는 것이나 곡하는 것이나 아픈 것이 다시 있지

아니하리니 처음 것들이 다 지나갔음이러라

(계 21:4)

성 안에서 내가 성전을 보지 못하였으니

이는 주 하나님 곧 전능하신 이와 및 어린 양이 그 성전이심이라

(계 21:22)

다시 저주가 없으며 하나님과 그 어린 양의 보좌가

그 가운데에 있으리니 그의 종들이 그를 섬기며

그 의 얼굴을 볼 터이요 그의 이름도 그들의 이마에 있으리라

다시 밤이 없겠고 등불과 햇빛이 쓸 데 없으니

이는 주 하나님이 그들에게 비치심이라

그들이 세세토록 왕 노릇 하리로다

(계 22:3-5)

없어질 세상

이 세상은 하나님의 나라를 이룰 세상이 아닙니다. 우리가 살고 있는 세상은 주의 재림하심과 더불어 마지막 하나님의 나라가 임할 때에는 풀어지고, 녹아지고, 파괴되고, 불타 없어질 세상입니다.

그러나 주의 날이 도둑 같이 오리니

그 날에는 하늘이 큰 소리로 떠나가고

물질이 뜨거운 불에 풀어지고

땅과 그 중에 있는 모든 일이 드러나리로다

이 모든 것이 이렇게 풀어지리니

너희가 어떠한 사람이 되어야 마땅하냐

거룩한 행실과 경건함으로 하나님의 날이 임하기를

바라보고 간절히 사모하라

그 날에 하늘이 불에 타서 풀어지고

물질이 뜨거운 불에 녹아지려니와

우리는 그의 약속대로 의가 있는 곳인

새 하늘과 새 땅을 바라보도다

(벧후 3:10-13/개역개정)

그러나 주님의 날은 도둑처럼 갑자기 올 것입니다.

그 날에 하늘은 요란한 소리를 내면서 사라지고

천체는 타서 녹아버리고

땅과 그 위에 있는 모든 것은 없어지고 말 것입니다.

이렇게 모든 것이 다 파괴될 것이니

여러분은 어떻게 살아야 할지 생각해 보십시오.

거룩하고 경건한 생활을 하면서

하나님의 심판 날을 기다릴 뿐 아니라

그 날이 속히 오도록 힘써야 할 것입니다.

그 날이 오면 하늘은 불타 없어지고

천체는 타서 녹아버릴 것입니다.

그러나 우리는 하느님의 약속을 믿고

새 하늘과 새 땅을 기다리고 있습니다.

거기에는 정의가 깃들여 있습니다.

(벧후 3:10-13/공동번역)

두 번역을 비교하면 이런 결론을 얻을 수 있습니다.

주의 날, 즉 주님이 재림하시는 날에는 하늘은 요란한 소리를 내면서 사라지고, 물질이 뜨거운 불에 풀어지고, 천체는 타서 녹아버리고, 땅과 그 위에 있는 모든 것은 없어지고 말 것입니다.

그러나 우리는 하나님의 약속을 믿고 새 하늘과 새 땅을 기다리고 있습니다. 거기에는 정의가 깃들여 있습니다. 그러니 우리는 거룩하고 경건한 생활을 하면서 하나님의 심판의 날을 기다릴 뿐 아니라 그날이 속히 오도록 힘써야 할 것입니다.

주님이 재림하실 때 임하는 세상은 이 땅에 임하는 세상이 아닙니다. 이 세상 하늘과 땅, 그리고 그 위에 있는 모든 것은 없어질 것입니다. 그야말로 새 하늘과 새 땅이요, 새 예루살렘이 임할 것입니다.

이 땅에 속하지 않은 주님의 나라

예수님께서도 당신의 나라는 이 땅에 속한 것이 아님을 분명히 말씀하셨습니다.

> 이에 빌라도가 다시 관정에 들어가
> 예수를 불러 이르되 네가 유대인의 왕이냐
> 예수께서 대답하시되 이는 네가 스스로 하는 말이냐
> 다른 사람들이 나에 대하여 네게 한 말이냐
> 빌라도가 대답하되 내가 유대인이냐
> 네 나라 사람과 대제사장들이
> 너를 내게 넘겼으니 네가 무엇을 하였느냐
> 예수께서 대답하시되 내 나라는 이 세상에 속한 것이 아니니라
> 만일 내 나라가 이 세상에 속한 것이었더라면 내 종들이 싸워
> 나로 유대인들에게 넘겨지지 않게 하였으리라
> 이제 내 나라는 여기에 속한 것이 아니니라
>
> (요 18:33-36)

위의 말씀은 가룟 유다가 이끄는 무리에 잡혀 관정에 끌려가 빌라도의 질문에 예수님이 답하신 말씀입니다.

예수님께서 십자가를 앞에 두고 제자들과 함께 겟세마네 동산에 올라 제자들에게 이르시되 내가 기도할 동안에 너희는 여기 앉아 있으라 하시고 베드로와 야고보와 요한을 데리고 가시며 심히 놀라시고 슬퍼하사 말씀하시되 내 마음이 심히 고민하여 죽게 되었으니

너희는 여기 머물러 깨어 있으라 하시고 조금 나아가사 땅에 엎드리어 될 수 있는 대로 이때가 자기에게서 지나가기를 구하여 이르시되 아빠 아버지여 아버지께는 모든 것이 가능하오니 이 잔을 내게서 옮기시옵소서 그러나 나의 원대로 마옵시고 아버지의 원대로 하옵소서 하시며 하나님 아버지께 기도하실 때에 힘쓰고 애써 더욱 간절히 기도하시니 땀이 땅에 떨어지는 핏방울같이 되었습니다 (막 14:32-36; 눅 22:44 참조).

기도를 마칠 때쯤 되어 가룟 유다가 로마 군대와 대제사장들과 바리새인들에게서 얻은 아랫사람들을 데리고 등과 횃불과 무기를 가지고 왔습니다. 그들은 예수를 잡아 결박하여 먼저 안나스에게로 끌고 갔는데 안나스는 그 해의 대제사장인 가야바의 장인이었습니다(요 18:1-14 참조). 안나스가 예수를 결박한 그대로 대제사장 가야바에게 보내었고, 함께 하였던 무리들이 예수를 가야바에게서 관정으로 끌고 갔습니다(요 18:24, 28 참조). 그 이튿날 빌라도가 관정에 들어가 예수를 만나 나눈 대화 내용 중 일부입니다.

예수님은 빌라도에게 분명하게 말씀을 하셨습니다.
　"내 나라는 이 세상에 속한 것이 아니니라"

예수님께서 증거하신 대로 주님의 나라는 이 땅에 속한 것이 아니며, 주께서 재림하실 때에는 새 하늘과 새 땅이, 새 예루살렘이 임

207

할 것이며, 이 성은 주의 백성들을 위하여 준비하신 것입니다.

마지막 때에 복 있는 자들은 어떤 사람들입니까?
새 하늘과 새 땅, 새 예루살렘에서 복 있는 자는 다음과 같은 자라
고 하였습니다.

이 예언의 말씀을 읽는 자와 듣는 자와 그 가운데에
기록한 것을 지키는 자는 복이 있나니 때가 가까움이라
(계 1:3)

또 내가 들으니 하늘에서 음성이 나서 이르되
기록하라 지금 이후로 주 안에서 죽는 자들은
복이 있도다 하시매
성령이 이르시되 그러하다 그들이 수고를 그치고 쉬리니
이는 그들의 행한 일이 따름이라 하시더라
(계 14:13)

보라 내가 도둑 같이 오리니
누구든지 깨어 자기 옷을 지켜 벌거벗고 다니지 아니하며
자기의 부끄러움을 보이지 아니하는 자는 복이 있도다
(계 16:15)

천사가 내게 말하기를 기록하라

어린 양의 혼인 잔치에 청함을 받은 자들은 복이 있도다 하고

또 내게 말하되 이것은 하나님의 참되신 말씀이라 하기로

(계 19:9)

이 첫째 부활에 참여하는 자들은 복이 있고 거룩하도다

둘째 사망이 그들을 다스리는 권세가 없고

도리어 그들이 하나님과 그리스도의 제사장이 되어

천 년 동안 그리스도와 더불어 왕 노릇 하리라

(계 20:6)

보라 내가 속히 오리니

이 두루마리의 예언의 말씀을 지키는 자는

복이 있으리라 하더라

(계 22:7)

자기 두루마기를 빠는 자들은 복이 있으니

이는 그들이 생명나무에 나아가며 문들을 통하여

성에 들어갈 권세를 받으려 함이로다

(계 22:14)

여러분은 새 하늘과 새 땅, 그리고 새 예루살렘 성의 주인공이 되

어 영광의 하나님과 어린양 되시는 예수 그리스도와 더불어 세세토록 왕 노릇하는 거룩한 성도가 되기를 바랍니다. 특별히 말세에 복 있는 자가 되어 주께서 예비하신 상급을 받는 성도가 되시기를 소망합니다.

 끝으로 이 책을 저술하면서 하나님의 말씀인 성경에 충실하려고 노력하였음을 밝혀 드립니다.

> 내가 이 두루마리의 예언의 말씀을 듣는
> 모든 사람에게 증언하노니 만일 누구든지 이것들 외에 더하면
> 하나님이 이 두루마리에 기록된 재앙들을
> 그에게 더하실 것이요
> 만일 누구든지 이 두루마리의 예언의 말씀에서 제하여 버리면
> 하나님이 이 두루마리에 기록된 생명나무와
> 및 거룩한 성에 참여함을 제하여 버리시리라

(계 22:18-19)

간증을 시작하며

간증을 시작하며

 1978년 2월, 신학교를 졸업하고 2019년 10월 목회를 마치는 그 순간까지, 주께서 내게 베푸신 수많은 은혜를 회고 해 봅니다. 만 입이 내게 있어도 그 은혜를 어떻게 다 감사 할 수 있으리오!

주께서 허락하신 감동의 역사를 여러분과 나누고 싶어 펜을 들었습니다. 자리에 앉아 부족한 종을 통해 행하신 하나님의 열심을 증언 하려니 수많은 기적을 어디서부터, 어떻게, 어떤 말로 시작해야 하나 망설여집니다.

그리고 다른 한편으로 두려운 마음이 있습니다.
내 간증이 하나님의 영광을 드러내기는커녕 도리어 그분의 영광을 가리지 않을까 하는 염려 때문입니다. 이 때문에 강대상을 떠난 후에도 간증의 자리에 서기까지 오랜 시간이 필요 했습니다.

코람데오(Coram Deo)!
하나님 앞에서 매 순간 살아가는 신앙인으로서 거짓 간증이 목회를 마친 은퇴 목회자 앞에 어떤 유익이 있겠습니까. 유익은 고사하고 장차 하나님 앞에 설 때 들을 책망과 심판을 생각하니 두려움이 앞섭니다. 그럼에도 제가 이 모든 것을 기록 하는 것은 한 분이라도 읽어 그 은혜를 나누고 싶기 때문입니다. 그것으로 저는 만족합니다.

주께서 허락하신 사연들이 많으나 그 모든 것을 다 기록할 수는 없고, 다만 몇 가지의 사건만을 글로 담아 보고자 합니다. 내가 받은 바 그 은혜를 함께 나눌 수 있기를 소망하며 용기를 내어서 하나님의 인도하심을 꾸밈없이 담담하게 기록하였습니다.

부디 하나님의 은혜가 함께 하기를 기도합니다.

주님 오신 후 2021년 5월 31일

신내동에서
주의 종 목사 김 세 광

간증 1
소 명

목회의 소명이 없던 저는 일반 대학을 졸업 했습니다.

당시에 아버님은 전라북도 정읍시 장재동에 소재하여 있는 교회에서 목회를 하고 계실 때였습니다.

신학교에 가서 신학을 마치고 목회를 하라고 권유하시는 부모님에게 제가 말씀을 드리기를, 부모님이 자녀를 목회자로 바치기로 서원하시고, 20여년이 넘는 세월 동안을 눈물로 기도하시며 하나님께 서원하신 바를 이루어 달라 기도하시었는데, 그것은 첫 자녀인 형을 목회자로 세우기로 서원하신 것이 아닙니까? 그 많은 눈물의 기도의 세월은 나를 위한 것이 아니고 형을 위한 것이 아닙니까? 그런데 둘째인 내가 왜 신학을 하여야 하느냐고 하며 강력하게 저항(?)하였습니다. 성경에도 첫 새끼는 하나님의 것으로 구별하지 않았습니까 하며, 조금은 알량한 성경지식을 들어 신학을 하라는 부모님의 제안에 극구 반대를 하였습니다.

힘든 목회생활을 어려서부터 보아온 저로서는 부모님의 강력한 권유에도 불구하고 신학을 할 마음이 전혀 없었습니다. 꼭 신학을 하고 목회를 하여야 하나님을 섬기는 것이 아니지 않느냐 경영대를 졸업하였으니 취직하여 돈을 벌어 물질로 교회를 섬기겠노라고 말씀을 드렸습니다.

학교를 졸업하고 취업을 위해 고향을 떠나 서울로 향했습니다. 서울 답십리에 있는 작은 아버지 댁에서 먹고 자며 준비하기로 이야기가 되어 있었습니다. 그 곳에 거주하며 주로 밤에 조용한 시간을 이용하여 공부하고 낮에는 잠을 자는 그런 생활을 하고 있었습니다. 좋은 회사, 큰 회사에 취직 해 부모님께 도움을 드려야지 마음 먹었습니다.

그 날도 밤을 새워 공부 한 후 낮에 자고 있는데 이상한 꿈을 꾸었습니다. 시골에서 목회 하시는 아버지께로부터 엽서 한 장이 오는 꿈이었습니다. 엽서에 큰 글씨로 선명하게 '27일' 이라고 쓰여있고 '급히 집으로 내려오라'는 내용이 적혀 있었습니다.

꿈에서 엽서를 읽고 놀라는 중에 작은 어머님께서 저를 깨우셨습니다. 그리고는 "세광아, 집에서 엽서가 왔다"하시는 것이 아닙니까. 주시는 엽서를 받아들고 깜짝 놀랐습니다. 시골에 계신 아버지께서 보낸 엽서인데 방금 전 꾼 꿈과 같은 날자, 같은 내용이 적혀 있었습니다.

'27일 까지 속히 집으로 내려오라'

엽서를 받아든 나는 생각하기를 필경은 집에 큰 일이 났나 싶었습니다.
'27일' 달력을 보니 이틀 후입니다.
걱정이 된 나는 놀란 가슴을 추스르며 공부하던 책들을 급히 챙겨 시골집으로 향했습니다. 고속버스를 타고 집으로 가는 동안 온갖 걱정이 밀려와 심란했습니다. 버스에서 내려 뛰다시피 집에 도착하니 마당에 계시던 아버지께서 저를 맞아 주셨습니다.

"아버지, 무슨 일이예요? 어떻게 전보까지 치셨어요?"
"응, 너 신학교 가라고……"

나는 너무 어이가 없었습니다. 오면서 내내 걱정 한 것이 바보같이 느껴졌습니다.
"아니, 아버지, 제가 신학을 하지 않겠다 여러 번 말씀 드렸잖아요. 왜 이런 일로 취업 준비중인 아들을 여기까지 부르십니까. 집에 아무 일도 없다니 다시 서울로 올라 가렵니다"

말씀을 드리고 몇 날을 집에서 묵은 후에 다시 서울을 향하여 집을 나섰습니다.

집에서 출발하여 지금은 정주시가 된 정읍 시외버스터미널에 도착했습니다. 서울로 가는 버스표를 사려다가 문득 대전에 사는 누나 생각이 났습니다. 누나 얼굴 본 지도 오래 되었고 매형도 보고 싶어 하여 일단 누나집을 들렸다가 서울로 가려고 대전행 그레이하운드에 몸을 실었습니다. 육사를 졸업하신 매형은 직업군인으로 대전 3관구 사령부 작전참모로 근무 중이었습니다.

대전에 도착하니 누나가 반겨주었습니다. 집에 들어가 내놓은 다과를 먹으며 이런저런 이야기를 나누는 중에

"너 서울 올라가기 전에 막내 다니는 신학교 구경 갈래? 오늘 매형이 쉬는 날이니 매형 지프차 타고 바람도 쐴겸"

라고 했습니다. 시간도 있고 바쁜 일도 없으니 가기로 했습니다. 여동생이 다니는 신학교라 겸사겸사 나섰습니다. 게다가 당시 일반인은 구경하기도 힘든 지프차를 타고 대전 시내 구경을 시켜 준다니 마다할 이유가 없었지요.

동생이 다니는 학교는 대전침례신학교로 도착해 보니 작고 아담하니 분위기가 마음에 들었습니다. 교정을 둘러보고 교무실에 들어갔습니다. 마침 난로 옆에 교수로 보이는 세 분이 서서 불을 쬐고 계셨습니다. 교무실을 기웃 거리는 저를 보더니 물었습니다.

"어떻게 오셨습니까. 무엇을 도와 드릴까요?"

학교 구경왔다 대답하기 멋쩍어 제 동생 이름을 대며 학교를 잠시 둘러보러 왔다 대답했습니다. 그러자 세 분께서 반색을 하며 마치 기다리고 있었다는 듯이 이야기 하시는게 아닙니까.

"아, 마침 잘 오셨습니다. 오늘 우리 학교가 입학시험을 치르는 날입니다. 그러니 오신 김에 시험 한번 보고 가십시오."

저는 너무도 이외의 말에 어안이 벙벙하여 물었습니다.
"예? 저는 이 학교에 입학 원서를 안 냈는데요? 그냥 구경 하려고 한번 온 겁니다"
"아니, 괜찮습니다. 지금 교실에 들어 가셔서 시험 보셔도 됩니다. 어서 들어가세요"

하며 등을 떠밀다시피 하며 교실로 저를 시험장으로 안내하였습니다. 시험장에 억지로 들어가 보니 모두 열심히 시험 문제를 풀고 있었습니다. 저도 뒷 자리에 앉아 그래, 신학교 시험은 어떤 문제가 나오나 싶어 시험지를 받았습니다. 시험 시간이 끝나고 교실을 나서는데 어떤 문제를 어떻게 풀었는지, 답은 뭐라고 썼는지 하나도 기억이 나지 않았습니다. 밖에서 나오는 나를 기다리던 누나가

"동생, 필기 시험을 봤으니 면접도 보고 가렴"

하는 것이 아닙니까. 그래 기왕 이렇게 된 거 자빠진 김에 쉬어 간다는 심정으로 면접실을 향했습니다. 면접실에 들어가니 그 학교 학장인 미국인 선교사와 교무과장인 교수님 한 분이 면접 보러 들어오는 저를 기다리고 있었습니다. 자리에 앉기가 무섭게 교수님이 묻습니다.

"목회자로서 소명을 받았습니까?"
"소명이 무엇입니까? 취칙 하러 서울로 가다가 누나 집에 잠시 들러 동생 보고 가려고 온 것 뿐입니다." 하며 취업을 위한 책이 든 가방을 들어 보였습니다. 그러자 학장이 회전 의자를 돌려 옆으로 앉아 버렸습니다. 소명이 없으니 목회자는 틀렸다는 말이겠지? 그러거나 말거나 신학 할 생각이 전혀 없었으니 개의치 않았습니다. 교수님이 다시 질문 했습니다.

"아버님이 목회자시지요?

"예, 그렇습니다."

그리고 몇 가지 질문을 더 했습니다. 면접이 끝나고 서울로 가기 위해 신학교의 현관문을 막 나서는데 어디서 음성이 들려 왔습니다.

"너는 목사다."

내 귀로도, 그리고 마음으로도 확실하고 똑똑하게 들려 왔습니다. 마치 누가 내 귀와 마음에 대고 큰 소리로 외치는 것 같았습니다. 이 소리는 목회를 끝내고 은퇴한 지금도 생생하게 남아 있습니다.

정말 희한한 일입니다.
"너는 목사다!"
그 소리를 들은 후 순식간에 마음이 완전히 바뀌었습니다. 누나에게는 이렇다 저렇다 말 한마디 없이 서울로 가던 발걸음을 돌려 시골집으로 돌아갔습니다. 아버지께서 시무 하시는 시골 교회를 돌아 온 나는 취직 준비를 위한 책으로 가득한 가방을 던져 버리고 그 때부터 모포 한 장, 성경책 한 권, 찬송가 한 권만 들고 기도원을 다니기 시작 했습니다.

무엇에 이끌려 다녔는지? 어디서 그런 열정이 내 안에 있었는지? 모르겠습니다. 다만 내가 확신하는 한가지는 나를 목회자로 부르신 전능의 하나님께서 그 손으로 저를 이끌고 가신다는 것뿐입니다.

신학교에서 연락이 왔습니다. 합격 했다는 입학허가 통지서입니다. 이렇게 제 신학교 생활이 시작됐습니다.

대전의 작은 신학교를 졸업하고 40여년의 목회 생활은 그야말로 은혜로 인도하심뿐이었습니다. 목회자의 삶을 강하게 거부하던 내게 '너는 목사다!' 라고 하는 음성을 들려 주셨습니다. 이 거룩한 음성으로 제 완악한 마음을 단번에 녹이신 분이 하나님이심을 확신합니다.

'부르심'의 소명은 하나님께서 그의 백성 된 자에게 첫 번째로 행하시는 역사입니다.
살아계시는 하나님은 지금도 주의 종들을 부르십니다. 주의 사명자, 그 분의 종은 부르심의 확신이 있어야 합니다. 하나님의 부르심에 대한 확신과 소명에 대해 가르치며 말 합니다.

아담아 하고 부르신 하나님은 아브라함을 부르시고 모세를 부르셨습니다. 예수님은 제자들을 한 사람 한 사람 부르시고 제자 삼았으며, 다메섹 길에서 사울을 불러 바울 삼고 위대한 주의 사역을 이루셨습니다. 그 부르심의 역사가 지금도 계속되고 있음을 저의 생생한 체험을 통해 확신합니다.

간증 2
너의 삶을 책임지리라

1978년 2월, 신학교를 졸업하고 전라도 정읍의 한 교회 전도사로 부임했습니다. 목회자가 떠나고 없는 사역지로 마을 어린이집을 빌려 예배를 드리는 어려운 형편의 개척교회였습니다. 장년 교인이 일곱, 여덟 분. 그 중 세 분이 집사직분을 받으셨고 어린이가 열 명 정도 출석했습니다. 교회와 좀 떨어진 곳에 제 살림집으로 방 하나를 빌렸습니다. 주인집 처마에 붙여 지은 셋방으로 방문을 열면 바로 부엌이 있는 사글세 방입니다.

부임하고 반 년 쯤 지났을 때입니다.
금요일 저녁으로 기억 합니다. 저는 방에서 주일 말씀 준비를, 집사람은 부엌에서 저녁 준비가 한창이었습니다. 이 때 제가 뜬금없이 부엌에서 일하는 아내에게 지나가는 말로 물었습니다.

"여보, 지금 우리 집에 뭐가 필요하지?"

"자전거요. 자전거가 필요 하지요."

마치 제가 질문 할 것을 알고 있었다는 듯 단번에 대답이 나왔습니다. 몇 안 되는 교인이지만 어떤 가정은 시내에, 또 어떤 가정은 논두렁을 따라 한참을 걸어야 가야 하는 곳에 사니 심방을 위해 자전거가 필요 하다는 겁니다.

한 주의 주일 헌금이 몇 천원에 불과한 교회에서 자전거를 구입하여 탄다는 것은 언감생심, 꿈에도 생각할 수 없는 사치였지요.

"그래? 그러면 자전거 다음엔 뭐가 필요하지?

"당신 새 양복이 필요하지요."

역시 거침없는 대답입니다. 변변한 양복 한 벌 없이 강대상에 서는 남편이 아쉬웠던 모양입니다. 가진 것 없이 결혼을 했으니 온통 부족한 것뿐입니다. 망설임 없는 대답이 재미있어 또 물었습니다.

"그 다음은?"

"새 구두가 있으면 좋겠어요."

심방을 위하여 당신 따라 걷다보면 구두 뒤축이 닳은 것만 보여 마음이 편치 않다고도 하였습니다.

"그리고는 다음" 하고 묻는 저에게 이제는 자질구레한 부엌살림이 나옵니다.

이제는 좀 더 자질구레한 부엌살림이 무엇이 필요하고, 무엇이 필요하고, 말하는 집사람을 향하여 제가 이렇게 말하였습니다.
"거기까지 ......"하면서 말을 끊었습니다.

이렇게 이야기를 나눈 다음날입니다.
다음날인 토요일 일찍, 우리 부부는 심방을 가기 위해 시내로 향했습니다. 가는 길에 자전거 상점을 지나치다가 어제 아내와 나눈 대화가 생각났습니다. 그래, 들어가서 구경이라도 하자 생각하고 가게 문을 열고 들어서니 주인이 환하게 웃으며 맞아줍니다. 아마도 시골 마을에서 넥타이며 양복을 차려입은 젊은이가 자전거를 본다고 들어서니 반가웠겠지요. 낡은 양복 소매단과 닳고 닳은 구두 뒤축은 보이지 않았나 봅니다. 한참 어린 저희 부부를 깍듯하게 대하며 자전거를 설명해 주셨습니다.

주머니에 동전 한 푼 없이 설명을 들으려니 부담이 됐습니다. 그 와중에도 마음에 꼭 드는 자전거가 보이니 미안하다는 생각까지 들었습니다. '신원스노다' 그 자전거 이름입니다. 신사용 자전거로 번쩍번쩍 최고급입니다. 전도사가 심방을 가려면 이 정도는 타야지, 하는 마음에 얼마인지 물었습니다.

"오만오천원인데 사신다면 오천원은 깍아 드리지요."
살 수 있는 힘이 없는 나는 더 이야기하는 것이 주인에게 폐가 될 것 같아서 다음에 다시 오겠다고 하고서 가게를 빠른 걸음으로 빠져 나왔습니다.

그리고 그 날 심방을 마쳤습니다.

그리고 바로 다음날 주일 아침이 되었습니다.

새벽예배를 마치고 돌아와 집에서 아침 먹을 준비를 하고 있었습니다. 그런데 문 앞에서 "전도사님" 하며 저를 찾습니다.

"예, 누구세요"

"김 집사입니다. 전도사님, 오늘 주일 예배드리러 오실 때 자전거타고 오셔요"

이 소리를 듣고 미처 방문을 열고 밖을 내다보기 전에 순간 머리는 스치는 생각은 '아니 교회가 조금 멀기로 서니 자기가 가게를 하면서 야채를 실어 나를 때 타는 딸딸이를 타고오라는 말인가?' 하고 방안에서 생각하였습니다.

김집사님는 마을에서 자그마한 구멍가게를 운영하며, 여러 가지 야채도 팔았는데, 가게에서 쓰는 자전거가 있었습니다. 지금도 시골 장터에 가면 눈에 띄기도 합니다만은 왜 자전거를 세우고 물건을 싣기 위하여 뒤에 삼발이가 달려 있는 자전거 말입니다. 혹여 삼발이의 스프링이 시원치 않으면 달리면서 삼발이가 땅에 부딪쳐 탈, 탈, 탈 소리가 났습니다.

그런 자전거를 타고 오라는 것인지 의심하며 문을 열고 밖으로 나왔습니다.

밖으로 나온 저는 정말로 깜짝 놀랐습니다.
한 마디로 번쩍 번쩍하는 새 자전거가 문 앞에 놓여 있는 것입니다. 새 자전거일 뿐만 아니라, 그것도 신원스노다 신사용 자전거였기 때문입니다. 저는 제 눈을 의심하였습니다. 바로 어제 오후 심방하면서 자전거 가게에 들려 제가 눈으로 점찍어 두었던 바로 그 자전거였던 것입니다.

'세상에 이럴 수가......' 말문이 막혔습니다.

하여간 너무 기뻐 아침밥을 먹는 둥 마는 둥 하고 서둘러 교회로 향하였습니다. 새 자전거에 올라 사모를 향하여 "뒤에 올라 타"하고 타는 것 보고 페달을 밟아 달리기 시작하였습니다. 얼마를 달리다 보니 뒤가 가벼운 거예요 그래 뒤를 돌아보니 뒤에 타고 있어야 할 사모가 없는 것입니다.
이런! 사모가 자전거에서 떨어진 것입니다. 저 멀리 뒤에서 사모가 터덜터덜 걸어오는 것이지요. 너무 기분이 좋아서 미처 뒤에 신경이 가지 않은 것입니다. 다시 사모를 태우고 교회로 향하였습니다.

그 날 주일 낮 예배를 마치고 나서 더욱 놀라운 기적이 있었습니다.

예배 중 광고 시간에 '어느 성도께서 저에게 자전거를 선물로 주셨으니 심방을 열심히 해 달라는 말씀으로 알겠습니다. 감사합니다.' 하고 광고를 마쳤습니다. 예배를 마치자 김00 집사님과 정00집사님, 서00집사님 세 분이 헌금을 계수 하시는데 서00 집사님이 제게 말씀하시는 것 아닙니까.

"전도사님. 제가 한 발 늦었습니다. 하나님께 복 받을 기회를 놓쳐 버렸네요."
"네? 무슨 말씀이십니까?"
"실은 보름 전부터 '전도사님 자전거, 전도사님 자전거' 하는 마음의 감동이 왔는데 제가 하는 가게가 조금만 더 잘 되면 사 드려야지 하면서 미뤄 왔습니다. 그런데 예배 광고 시간에 하시는 말씀을 들으니 '제가 하나님의 감동을 받고 바로 순종 했어야 하는데....' 하는 마음에 가슴이 철렁 내려앉았습니다. 이제 회개하는 마음으로 저는 전도사님에게 더 값진 양복을 맞추어 드리렵니다. 지금 가시지요." 하는 것입니다.

이게 대체 웬일인가?
 어안이 벙벙한 채 아무 생각 없이 집사님을 따라 나섰습니다. 헌금을 계수하시던 다른 두 집사님께서도 같이 가자며 길을 나섰습니다.

양복점에 들려, 몸 칫수를 재고 양복을 맞춘 후에 함께 교회로 향하여 오는데, 함께 동행하였던 정OO집사님이 제 옆에 가까이 오더니 하는 말, "전도사님, 누구는 자전거도 사드리고, 누구는 양복도 맞추어 드리는데, 저는 자그마한 것이나마 새 구두나 사드릴까 합니다."하는 것이 아닙니까?

전정 기적도 이런 기적은 드물 것입니다.
금요일에 대화를 나누며, 필요한 것을 이야기 나누고, 이튿날 토요일 심방하면서 자전거 가게에 들려 자전거 보고, 그리고 이어 다음 날 주일 아침에 바로 그 자전거와 양복과 구두가 모두 이루어지다니!

세상에!
하나도 아닌 세 가지가, 일순간에 다 이루어지다니!
그것도 집사람과 이야기를 나눌 때의 순서에 따라, 먼저는 자전거, 둘째로는 양복, 세 번째로는 구두가 순서대로 이루어졌고, 그것도 일순간에 이루어 진 것입니다.

저는 이 기적을 평생 잊을 수 없습니다.
우리들의 대화를 들으시는 하나님을 찬양합니다.
우리들의 대화에 귀 기울이시어, 응답하시는 하나님을 찬양합니다.

이제 막 주님의 종으로 부름 받아 사역지로 나선 어린 전도사에게 직접 보이신 것입니다.

여기서 제가 크게 깨달은 것이 있습니다.

"아! 하나님께서는 이 기적을 통해 내게 알려 주셨구나. 내 평생에 모든 필요를 채워 주시겠다는 언약이구나!"

그 일 후로 내 일생 살아오는 동안 먹고 사는 것에 염려를 해 본적 없음을 감히 고백 드릴 수 있습니다.

그렇습니다!

살아계시는 하나님은 제 모든 삶에 개입 하셔서 필요한 것들을 때마다 확실히 채워 주셨습니다. 제 사역의 모든 순간 함께 하심으로 마음속 필요 까지 충만하게 하셨음을 고백 합니다. 우리의 생각까지 아시고 채우시는 하나님을 진심을 다 해 찬양합니다.

이 후로 저는 목사 안수식의 권면의 시간에 강단 자리가 주어지면 안수 받는 목사님들께 다음과 같은 메시지를 전했습니다.

"앞으로 목사님의 삶은 하나님이 전적으로 책임지십니다. 하나님은 이제 목사님과 온라인 계좌를 터 놓았으니 하나님께 입금 해 달라고 구하시고 생활을 위해 사람에게 손 벌리지 마십시오. 그렇게 하면 하나님이 채우십니다."

추신 : 나에게 자전거를 선물한 그 김 집사님은 후에 신학을 하고
목사님이 되시어 들리는 소식으로는 사람들이 가기 꺼려하는
섬마을 전도에 힘쓰신다는 아름다운 소식을 들었습니다.

간증 3
내가 너와 함께 하리라

1979년, 부산 침례병원 전도사로 근무하다가 대전에 있는 총회 소속 기관인 '지방 전도부'라는 부서로 사역지를 옮겼습니다. 당시 대전 옥계동에 있는 교회에 다니고 있었는데 담임 목사님께서 다른 교회 부흥회 인도를 위해 출타 하신다며 제게 강단을 맡기셨습니다.

부탁받은 새벽 기도회 인도를 마치고 강단에 엎드려 기도를 하는데 제 옆에서 누군가 함께 기도하기 시작 했습니다. 누가 강단까지 올라와 기도 하나, 실눈을 뜨고 옆을 보니 아무도 없습니다. 다시 눈을 감고 기도를 했습니다. 얼마 기도를 하다 보니 또 누군가 와서 함께 기도 하고 있다고 느껴졌습니다. 그 느낌이 너무 확실 해 이제는 제대로 눈을 뜨고 옆을 보았습니다. 역시 아무도 없는 것입니다.

다시 기도하기 시작 했습니다.

기도가 제대로 됐겠습니까. 그런데 정말 이상합니다.

눈을 감고 가만히 있어도 누군가가 기도 하는 것이 더욱 생생하게 느껴지는 것 아닙니까. 그래서 이번에는 눈을 감은 채 팔을 뻗어 휘휘 저으며 더듬었습니다. 역시 아무것도 만져지지 않습니다.

이런 일이 있은 후, 기도를 마칠 때 쯤 되어 "전도사님, 전도사님" 하고 나를 찾는 소리가 들렸습니다. 기도를 마치고 강대 위에서 내려와 보니 여전도회 회장으로 교회를 섬기고 계시는 여 집사님(집사님의 성씨가 여씨입니다.)이 강대 아래에서 저를 찾는 것입니다. 여 집사님의 남편은 당시에 말마차로 짐을 나르는 일로 생계를 유지하고 있었습니다.

강대 아래로 내려오는 저를 향하여 집사님은 근심어린 목소리로 이렇게 말하는 것입니다.

"전도사님, 저의 남편이 허리를 다쳐 삼일 째 꼼짝을 못하고 누워있으니 오셔서 예배를 들려주시고, 안수기도도 해 주세요."

"예 제가 집에 가서 아침식사를 마치고 곧장 가겠습니다."

집에 돌아와 아침식사를 서둘러 마친 나는 바삐 집사님의 집으로 향하였습니다.

여 집사님의 집에 도착하니 남편은 자리에 누워 저를 맞이하였습니다.

가정 식구들과 함께 예배를 드린 후에 손을 허리의 얹고 안수기도를 해 드렸습니다.

그 후에 저는 서둘러 대전역 근처에 위치한 사무실로 출근을 하였습니다. 당시 저의 사무는 지방 전도부 부장으로서 이제 교회 개척을 막 시작하는 목회자를 돕는 일로서 3년차까지의 목회자의 생활비를 보조해 드리는 일이었습니다.

제가 사무실에 도착하여 한 시간이나 지났을까?
내 책상 위에 놓인 전화벨이 울렸습니다. 전화 수화기를 들어보니 들뜬 목소리의 여 집사님의 목소리가 들려왔습니다.
"전도사님, 전도사님, 제 남편이요, 전도사님 안수 기도 받고요, 벌떡 일어나 식사하고 일하러 나갔어요, 감사해요."
"아! 그래요? 하나님의 은혜지요."

전화를 마친 후에 수화기를 놓고 저는 잠시 생각에 잠겼습니다.
새벽기도 때의 일이 생각났습니다.
새벽 기도 때에 누군가가 내 옆에서 나와 함께 기도하는 느낌을 받은 일이 생각났습니다.
"아! 이 일을 위하여 주님이 나와 함께 하시었구나! 나의 약함을 아시고 내게 기도의 힘을 더 하시었구나!"

베드로의 사건이 생각났습니다.
 예수님께서 이르시기를
"베드로야, 내가 너를 위하여 기도하리니 돌이킨 후에 제자들을 굳
게하라."하신 말씀이 생각났습니다.

이로서 깨달은 것이 있습니다.
"내가 너와 함께 하리라."는 주님의 언약이구나 하는 깨달음입니다.

주님의 일을 하시는 모든 목회자들이여!
"담대하십시오. 주님이 함께 하십니다."

간증 4
성전은 돈으로 세우는 것이 아니니라

대전에 있는 동안 마음에 강한 감동이 왔습니다.

"목회자로 부름을 받았으니 기관에 있기 보다는 일선에 나아가 교회를 세워야겠다"는 강한 감동이 왔습니다.

그러던 중 80년도 9월에 목사 안수를 받는 나는 그 해 10월에 부천시 소사동에 위치하여 있는 설립한 지가 2년 정도 되는 개척교회로 자리를 옮기게 되었습니다. 당시 교회는 이층 홀을 150만원에 세로 얻어 사용하고 있었으며, 교인이라고는 어른과 학생과 아이들 모두 합하여 20명 정도의 작은 개척교회로 설립목사가 교회를 떠난다는 말을 전하여 듣고 가게 되었는데, 당시에 저는 교회전세금에 상응하는 액수의 돈을 전임목사에게 주고 교회를 인수받아 섬기게 되었습니다. 이 때의 돈은 개인적으로 빌린 돈이었고, 이를 갚는데 6

년의 세월을 보내야 했습니다.

교회는 25평정도의 이층 건물로서 그 안에 3평정도 따로 구별하여 방을 드리고 아궁이를 만들어 세 식구가 살며 목회를 시작하였습니다. 그 때 첫아이가 두 돌이 지났을 때입니다.

교회가 세 들어 목회하는 건물은 당시에 건물을 지을 때에 단열제를 제대로 사용하지 않았기에 여름에는 덥고, 겨울에는 춥기가 말로하기 어려웠습니다.

그 해 겨울이었습니다.
날씨가 추워지니까 이층 위에 눈이 쌓이고, 작은 살림방은 너무도 추웠습니다. 추위를 이기려고 연탄을 태워 방을 데우니, 밖의 온도와 방 온도가 차이가 나니 천장에 온통 물방울이 맺혔습니다. 얼마 지나지 않아서 천장에 맺힌 물방울이 점점 커져 이제는 똠방 똠방 하나 둘 방바닥으로 떨어지기 시작합니다. 처음에는 그릇들을 대어주며 떨어지는 물방울을 받았지만은 여기저기서 떨어지는 물방울을 감당할 수가 없었습니다. 자그마한 방에 발 디딜 곳에 없이 물방울이 떨어지는 것입니다. 난감하였습니다.

진퇴양난이라는 단어를 여기에 쓰는 것 같습니다.
방에 들어갈 수도 없고, 그렇다고 밖에 추운데 밖에 마냥 있을 수는 없었습니다. 더욱이 간난아이까지 데리고 말입니다.

궁하면 통한다고 하였나요?
천장을 바라보며, 맺혔던 물방울이 떨어지는 것을 참담한 마음으로 바라보고 있노라니 번쩍 하고 한 가지 생각이 떠올랐습니다. 방이 적으니 천장이 적을 수밖에요. 천장에서 떨어지는 물방울을 받는 커버가 있으면 되겠다 싶었습니다. 그래서 얼른 철물점에 달려가서 커다란 비닐을 사왔습니다. 김장을 담글 때 쓰는 커다란 비닐을 사서 넓게 펴서 천장을 비닐로 덮고 가느다란 막대를 이용하여 사방을 못질을 하였습니다. 이런 때는 방이 적은 것이 다행이다 싶었습니다.

이제는 방바닥에 물방울이 떨어지는 것은 해결이 되었습니다.
그런데 그 다음이 문제였습니다.
방바닥에 떨어진 물을 깨끗이 닦고 방바닥에 누워 천장을 바라보니 마음이 편안하였습니다. 그런데 얼마 지나지 않아 걱정이 생겼습니다. 방바닥에 떨어지던 물방울이 하나 둘 천장에 처 놓은 비닐에 떨어지니 물이 비닐 중앙으로 모여 물의 무게로 비닐 중앙이 아래로 점점 처지는 것입니다. 아래로 아래로 처지는 비닐은 이제는 금방이라도 터질 것 같이 되었습니다. 이러다가는 조만간 온통 방안이 대 홍수가 날 것 같았습니다.

이를 어쩌나?

저 비닐에 모인 물을 한 곳으로 떨어지게 하는 방법은 없을까 생각하다가 한 방법이 생각났습니다. 얼른 부엌으로 내려가서 성냥을 한 개비 가져오고 밥 그릇 하나와 수저 하나를 가져왔습니다. 그리고 실을 찾아 성냥 가운데를 실로 매고, 다른 끝은 수저에 잡아 메었습니다. 그러고는 실에 맨 성냥을 잡아 물에 부풀어 금방이라도 터질 것 같은 비닐에 살며시 꽂아 넣었습니다.

그리고는 실에 맨 수저를 팽팽하게 잡아당겨 밥그릇에 넣었습니다. 이제 물은 실을 타고 나의 밥그릇으로만 흘렀습니다. 이제 밥그릇에 물이 차면 비우고 또 다른 밥그릇을 대어 놓으면 되었습니다.

해결되었습니다.

비닐 안에 있던 물이 성냥에 메어 있는 실을 따고 졸~ 졸~ 졸~ 밥그릇으로 고이기 시작한 것입니다. 할렐루야!

이 일로 하나님께 감사기도를 드렸습니다.

이로 인하여 한 가지 지혜를 얻었습니다.

하나님은 우리를 위하여 곧 터져 넘칠 것 같은 엄청난 은혜와 축복을 이미 준비하시었다는 것과 이 곳에 우리의 기도의 줄만 이어 놓으며 그 기도의 줄을 타고 하나님의 은혜와 축복이 나의 밥그릇에 끊임없이 채우신다는 사실을 깨달은 것입니다.

그 해 겨울 80년도 12월에 하나님은 우리에게 선물을 주시었습니다. 둘째가 태어난 것입니다. 이제는 아이 둘을 데리고 3평 남짓하는 곳에 살수가 없었습니다. 우리는 교회가 세 들어 있는 건물 안채로 주인이 사는 집이 있었고, 그 집 이층을 빌려 이사를 하게 되었습니다. 160만원에 빌린 셋집은 이전에 비하면 대궐과 같았습니다. 이층 독채로 방에 3개나 있는 집이었습니다.

1982년 가을이 되었고, 이 때에 셋째가 태어났습니다.
셋째가 태어나고 얼마 지나지 않아 저의 마음에 하나님의 집인 교회를 지어야겠다는 간절한 열망이 생겼습니다.
주일 낮 설교 시간에 성전건축에 대한 설교를 마치고, 교인들에게 교회 건축을 위하여 금식 기도할 것을 선포하였습니다. 교인들의 신앙상태를 알고 있기에 "한 사람이 하루씩만 금식하되 성전건축을 기도의 제목으로 정하여 기도하십시다." 라고 말하였습니다. 제가 먼저 금식하고 다음 사람이 이어서 금식기도를 하기로 정하였습니다. 금식기도를 시작한지 20여일이 채 안되어 금식기도를 이어갈 사람이 눈에 띄지 않았습니다.

금식기도를 마치고 난 후의 첫 주일에 저의 설교 제목은 "믿고 구한 것은 받은 줄로 믿으라." 였습니다.

설교를 마치고 광고시간에 나는 교인들을 향하여 "이제 우리 교회는 성전건축을 위하여 금식기도를 하였고, 거의 모든 성도가 마음을 하나로 하여 기도하였기에 하나님께서 우리의 기도를 들으신 줄로 믿습니다. 우리 교회의 부지는 준비되었습니다. 할렐루야!"라고 말씀을 드렸습니다.

그 이튿날 월요일 새벽기도를 마친 나는 집에 들어와 사모가 채려준 밥상 앞에 앉아 식사를 하기 시작하였습니다.
식사를 하던 중에 마음에 음성이 들였습니다.
"김목사야!" 하고 부르시는 음성입니다.
부르시는 음성에 "예?" 하고 대답을 하자 "네가 믿음이 없다."하는 책망의 음성이 들여왔습니다.
"제가 믿음이 없다니요! 제가 하나님을 믿기에 주님을 증거하는 설교를 교인들에게 하지요!" 하고 말씀을 드리자
"너는 설교는 잘하였지만은 네가 믿음이 없느니라." 하는 책망의 음성이 들려 왔습니다.
"제가 믿음이 없다구요?" 하고 반문하는 순간에 정신이 번쩍들었습니다.

그렇구나, 내가 정녕 믿음이 없구나!
성전건축을 위하여 금식 기도하였고, 그 기도를 하나님께서 정녕 들으신 줄을 확신한다면 하나님께서 교회를 건축할 성전 터를 예비하였으리라. 그렇다면 고대하고 고대하던 성전 터가 있다면 이러고 있

242

겠는가? 당장 보러가지 않겠는가?

생각이 여기에 미치자 밥 먹던 숟가락을 놓고, 자리에서 벌떡 일어나 옷을 주섬주섬 입었습니다. 이러는 나를 사모는 의아해 하며 바라보았습니다.

사모는 내가 마음에 들려오는 음성과 대화를 나눈 것을 알 수가 없으니까, 왜 저러나 하고 의아한 눈초리로 바라보는 사모를 뒤로 하고 저는 집을 나섰습니다.

막상 집을 나서 거리에 나오기는 하였으나 어디로 가야할지, 하나님이 준비하신 교회부지는 어디 있는지 막연하였습니다.
가만히 서서 생각해보니 가야할 곳이 생각났습니다.

복덕방! 땅하면 복덕방이지요.

그래서 무작정 가까운 복덕방에 들렀습니다.
"여기 땅 나온 것 있습니까?"
"우리한테는 아직 없는데요!"

두 번째 가까이 있는 복덕방에 들렀습니다.
"여기 땅 나온 것 있나요?"

"예, 있는데요. 보러 가시겠습니까?"
"그러지요"

사실 우스운 일이지요.

현재 돈 한 푼 없는 백수건달에 가까운 사람인 내가 무슨 배짱으로 땅을 사겠다고 보러 가는지, 내 자신도 모릅니다.

그가 보여준 땅이 바로 소사초등학교 정문 바로 앞에 있는 건물 뒤에 위치한 땅이었고, 73.4평에 이르는 땅이었습니다. 당시 땅 주위에는 듬성 듬성 몇 개의 건물이 지어져 있었습니다. 그 땅을 보는 순간, 마음에 "이 땅이 교회 부지로구나" 하는 믿음이 왔습니다. 값을 물어보니 당시 가격으로 2000만원에 내 놓은 물건이라는 것입니다.

그러면 저희가 구입하겠습니다 라고 말하고 복덕방 주인과 헤어졌습니다. 돌아오면서 생각하니 계약금만 무려 200만원에 달하는 금액입니다. 당장 한 달 생활비 몇 십만원의 헌금도 어려운 교회에서 계약금조차 준비한다는 것은 거의 불가능한 일이었습니다.

그 때로부터 제단에 엎드려 기도하기 시작합니다.

"하나님, 땅을 보고 왔습니다. 그 땅이 교회 땅이라는 믿음이 왔습니다.

그러나 우리 교회로서는 땅을 구입할 힘이 없나이다. 아니 계약금조차 마련할 수 없는 형편입니다. 도우소서. 도우소서."

눈물로 간구합니다.

새벽에도 부르짖어 간구합니다.

기도를 하고 나면 마음에 그 땅은 교회 대지라는 확신이 더욱 강하게 밀려옵니다.

집사님들을 별도로 찾아다니며 내가 본 땅이 교회부지인데 그 땅을 구입하여 교회를 세워야 한다고 설득하기 시작하였습니다.

나의 이야기를 들은 집사님마다 하시는 말씀이 "목사님, 정신 차리세요. 땅을 구할 자금이 없지 않나요? 설령 땅을 구입하였다 합시다. 무슨 돈으로 건축합니까?"하는 것입니다.

그들에게서 이런 말을 들으면 마음이 서운하였지만 그들의 말이 당연한 말이니 어찌 대답할 말을 찾지 못하고 돌아옵니다.

밤에 재단에 엎드려 눈물로 간구합니다.

기도를 드리고 나면 마음에 그 땅이 교회부지라는 믿음이 더욱 강하게 밀려옵니다. 그러면 그 이튿날 아침이 되면 용기백배하여 또다시 집사님들을 설득하기 위하여 만날 수 있는 집사님을 찾아갑니다.

역시 같은 말을 듣습니다.

"목사님, 몇 번이나 말하여야 듣습니까? 지금 우리가 가진 재정에는 돈은 없고, 만일에 목사님 말씀대로 사택전세금 빼어서 땅 계약금 겨우 치르고 나면, 그 다음은요 거리에 나 앉으시렵니까?"

말을 듣고 낙심하여 돌아옵니다.
물론 그들에게서 교회를 지을 돈을 바라는 마음은 결코 없었습니다. 왜냐하면 그들의 삶의 형편을 너무도 잘 아니까요.

돌아와 재단에 엎드려 뜨겁게 간구합니다.
믿음의 확신이 옵니다. 다시 집사님들을 찾아갑니다. 똑같은 말을 듣습니다. 기도하고 찾아가고, 기도하고 찾아가고 이러기를 한 달 정도가 지났습니다.

그 때에 재정을 담당하던 집사님은 박00이라는 분이시었습니다.
제가 찾아가 교회부지에 대하여 한 달이 넘도록 몇 번씩을 이야기하니 마지 못하시어 하시는 말씀이 "정 그렇다면 계약이나 해 보시지요. 그러나 교회에서 지출할 재정이 전혀 없음을 목사님이 더 잘 아실 것입니다."하고 말하는 것입니다.

그 말을 들었을 때에, 그 말이 얼마나 고마운지!
현실이 뻔한데 목사님이 그 일을 하시겠는가? 미치거나 바보가 아닌 다음에야 실행에 옮기지는 못하리라는 마음으로 그리 말하였으리라는 생각이 듭니다.

어찌 되었건 교회재정에서는 전혀 지불할 돈이 전혀 없다는 말에도 불구하고 그저 목사님 생각 하시는 대로 해 보시라는 말이 너무 고마웠습니다.

자! 정 그렇다면 한번 해 보시라는 말을 들었으니 이제는 계약금을 가지고 가서 계약을 해야 할 텐데 계약금 이백만원이라는 돈이 있을 리가 없지요.

이 문제를 가지고 기도로 나아갑니다.

하나님께 눈물로 간구하는 중에 우연히 통장을 열어보게 되었는데 저의 통장에 [오십만원]이라는 돈이 들어와 있는 것입니다. 그것을 확인하는 순간 무슨 돈인가 생각해보지도 않고, 따져보지도 않고 옳지 됐다 하고 쾌재를 불렀습니다. 이 돈으로 우선 계약을 치루어야지 하는 생각 외에는 아무런 생각이 나지를 않았습니다.

후에 알게 된 사실이지만 이 돈은 셋째가 태어날 때에 몸이 약하게 태어나 수술이 필요한 상황이었습니다. 이 소식을 전하여 들은 형이 수술하는데 보태라고 보내 준 돈이었습니다.

은행으로 달여간 나는 곧 바로 돈을 찾았고, 그 돈 50만원을 들고 복덕방을 찾아가서 땅 계약을 하겠다고 말하였습니다. 그러자 복덕방 사람이 하는 말이 "계약금 이백만원을 준비하시었습니까?" 하고 묻는 것입니다.

"지금 저의 수중에 오십만원 밖에 없는데요"

"그것 가지고는 어림도 없지요. 땅 값 이천만원에 대한 계약금이 10%이니까 이백만원은 준비하여 오셔야 합니다."

"어찌 되었던 땅 주인을 만나게 해 주십시오. 제가 부탁을 해 보렵니다. 계약이 되든지 안 되든지 고사하고 주인에게 한번 연락이나 해 주십시오."

이 말을 들은 복덕방 사람은 고개를 갸우뚱하며 안될 것인데요 라는 말을 연신하면서도 주인한테 연락하는 하는 것이었습니다. 어찌되었든 복덕방으로서는 계약이 성사되면 좋은 일이니까요.

이렇게 하여 주인을 만나게 되었고, 저는 단도직입적으로 말씀을 드렸습니다. 현재 제게는 계약금으로 오십만원 밖에 없습니다 그러나 반드시 나머지 돈도 빠른 시일 내에 마련하여 드리겠습니다 하고 말씀을 드렸습니다.

그런데 이상한 일이지요!

이 말은 들은 땅 주인은 [그렇게 합시다] 하고 한 마디로 흔쾌하게 허락하는 것입니다. 계약을 허락받은 나는 이렇게 부탁을 하였습니다.

계약을 치루면서 동시에 땅을 사용할 수 있도록 허락하여 주십시오 하고 부탁을 하였고, 이것까지도 흔쾌하게 허락을 받은 것입니다.

계약서를 받아들고 돌아오는 나는 하늘을 나는 것 같았습니다.
세상에!
계약금의 4분의 1에 해당하는 돈으로 계약을 마치었고, 더군다나 잔금을 치루기 전이라도 땅을 사용할 수 있는 사용허가서까지 받은 것입니다.

주일에 저는 이 사실을 교회에 알리었고, 교회를 건축할 계획을 논의 하였습니다.

[교회를 건축하다]
자! 이렇게 하여 교회부지는 어찌되었건 마련이 되었습니다.
오십만원에 계약을 마쳤고, 부지사용도 허락을 받았습니다.

주일 예배를 마친 후에 광고시간에 "이제는 우리 모두가 하나님 앞에 금식하며 기도한 대로 하나님이 응답하여 주시어 교회부지가 마련되었습니다.
그리고 교회 부지 사용허락도 받았습니다. 그러니 이제 우리는 힘을 내어 교회를 세워야 하겠습니다."하고 말씀을 드렸습니다.

모든 성도님들은 의아해 하는 눈으로 모두 저를 바라보는 것입니다. 그들의 눈빛에는 저는 "무슨 돈으로 남은 계약금 일백오십만원을 지불하고 거기에 남은 잔금 일천팔백만원은 어디서 준비할 것이며, 더군다나 교회 짓는 돈은 어디에서 마련한다는 거지?" 하는 의아심의 마음을 읽을 수 있었습니다.

너무 낙심되어 재단에 엎드려 눈물로 간구하며 "하나님, 저희는 돈이 없어 주님의 교회를 지을 수가 없나이다. 교회 부지를 위하여 계약은 마치었지만 계약금의 나머지 잔금과 부지대금을 완납할 힘이 없나이다. 더욱 나아가서 교회를 지을 자금이 전혀 없나이다." 하며 눈물의 기도를 드렸습니다.

어느 날 저녁 기도시간에 주의 음성이 기도하는 나의 귀에 들렸습니다.
"김목사야, 내 교회를 돈으로 짓는 줄 알았느냐? 내가 짓느니라.!"

이 음성이 들려왔을 때 저는 깜짝 놀랐습니다.
저는 지금까지 교회를 돈으로 짓는 줄 알았습니다.
그러나 하나님은 나의 그릇된 생각을 고쳐 주시었습니다.
아! 그렇구나 하나님의 집은 하나님이 지으시지 돈으로 세우는 것이 아니로구나. 이런 깨달음과 함께 이런 믿음이 왔습니다.

"내 교회를 돈으로 짓는 줄 아느냐? 내가 짓느니라."하는 음성을
들은 후에는 마음에 근심 걱정이 사라지고 "하나님이 시작하셨으니
하나님이 친히 이루실 거야!"하는 확고한 믿음이 생겼습니다.

<오늘날 교회 건물을 돈으로 생각하는 사고방식을 바로잡아야 할
것입니다.   이러한 그릇된 사고방식에 의하여 교회 건물을 사고파
는 일을 금하여야 할 것입니다. 교회 건물은 하나님의 집이며, 교회
를 투자 개념으로 생각한다면 큰 일 입니다. 교회는 돈으로 세워지
는 것이 아니며 하나님이 친히 세우신 성전입니다.>

다행이 우리 교회에는 건축 일에 관여하는 분들이 계셨습니다.
어떤 분은 페인트 가계를 하면서 건축 일에 관여하고, 어떤 이는 미
장이 일을 하는 분들도 있었습니다.

건축에 전혀 문외한인 내가 그들에게 이야기를 하였습니다.
우리 에게는 돈이 없으니 이렇게 지읍시다.
"시멘트 블럭으로 사방을 세우고 가볍게 지붕을 날아갈 듯이 살짝
덮고 문짝만 달면 우선 들어가 예배를 드릴 수 있지 않겠습니까?
사택은 두세 평정도 붙여 짓는다면 되지 않겠습니까? 그렇게 하면
제 생각으로는 150만원 정도 들여서 지을 수 있지않을까요?" 하고
제안을 하였습니다. 제가 150만원을 생각한 것은 아마도 사택이
160만원에 전세로 들어 있는 것을 생각하고 말한 것입니다.

'뻔데기 앞에 주름잡는다.' 라는 말은 이런 때를 두고 하는 말 같습니다.

그들이 말합니다.
"150만원으로 짓는다는 것은 참으로 어려운 일이지만, 설령 지을 수 있다 하여도 당장 그 150만원은 어디서 구하는 것입니까?" 하면서 저의 말에 다들 난색을 표하는 것입니다.

사실 150만원을 구하는 방법은 사택에 들어 있는 전세금을 빼면 가능하지만은 그러면 저는 아이들을 데리고 정말 거리에 나 앉아야 하는 것입니다.
정말 난감한 일이었습니다.

이럴 때 방법은 하나, 하나님의 재단에 엎드려 기도하는 수밖에요.
"주여! 150만원의 돈이 없어 성전을 지을 수 없나이다. 도와 주세요."
기도하기를 한 주정도가 지났을까요?

재단에 엎드려 기도하는데, 뜬금없이, 정말 뜬금없이 한 사람이 머리에 떠오릅니다.

그 분은 바로 이종문 장로님!
이장로님은 형의 절친한 친구 분이셨습니다. 물론 저하고는 어떤 교류가 있었던 것이 아닙니다. 장로님의 부친은 전북 전주시 다가동에 세워진 전주성결교회의 담임목사님으로 당시 교회규모도 엄청 클 뿐만이 아니라 목사님 또한 이름있는 목사님이셨습니다. 저로서는 어릴 때, 형이 친구 분을 만나러 갈 때에, 한 두번 따라가 본 적이 있을 뿐입니다.

언젠가 형한테 들은 기억을 더듬어 서울의 독립문 성결교회로 연락을 하여 보았습니다. 다행히 장로님의 전화번호를 알게 되었고, 저는 장로님에게 연락을 취하였습니다. 전화가 연결되었습니다.

전화가 연결이 되어 제가 장로님에게 사정을 이야기 하였습니다
"여차 여차하여 교회를 지어야겠는데 돈이 없습니다. 기도하는 중에 생각이 나서 연락을 드렸습니다." 저의 전화를 받은 장로님은 이렇게 말하는 것입니다.
"마침 우리 독립문 성결교회가 이전하여 교회를 지으려 하는데 교회 장로로서 건축헌금을 드리지 않을 수 없습니다." 하고서 잠시 뜸을 드린 후에 "기다려 보시지요." 하는 것입니다. 그러고서 전화가 끊어졌습니다.

몇 날이 지나고 어느 날 "따르릉"하고 장로님 한테서 전화가 왔습니다.
"김 목사님, 몇 날 몇 시에 어디서 만나지요."

<정확한 날짜와 시간 그리고 장소가 기억이 나지 않습니다.

어느 다방이었다고만 생각납니다. >

우선 만나자니 너무 감사하고 고맙고 기대가 되었습니다.

저를 만난 장로님은 저에게 봉투 하나를 내밀며 하시는 말씀이 "큰 도움이 되지 못하여 미안합니다." 하시는 것입니다. 봉투에 있는 돈이 얼마인지 무척이나 궁금하였으나 그 곳에서 열어 볼 수는 없고, 장로님과 헤어져 재빠르게 집에 달려온 나는 봉투를 열어 보았습니다.

[수표로 150만원]

그 안에는 정확하게 수표로 150만원이 들어 있었습니다.

저는 그 돈을 받아 들고 깜짝 놀랐습니다.

교인들 앞에서 150만원이면 교회를 세우지 않겠습니까? 말하고 하나님 앞에서 울며 기도한 그 150만원이 더도 덜도 아닌 그 150만원이 들어 있었던 것입니다. 교회를 짓는 돈을 주신 것이지요.

하나님은 나의 간구함을 들으시며, 응답하시되 정확하고 확실하게 응답하여 주시었습니다. 한 푼의 오차도 없이 말입니다.

이 서신을 빌어 장로님에게 감사의 말씀을 드리고자 합니다.

"이장로님! 감사합니다. 그리고 고맙습니다."

그 돈을 받고도 제대로 된 감사를 장로님께 드리지 못하였음을 너그러이 용서하여 주시기 바랍니다.

> (추서 :후에 이종문 장로님은 신학을 하시고 목사님이 되시어 서울 강동에서 목회하시고 지금은 은퇴하시었습니다. 또한 저의 형이 되는 김일광 장로님은 공직생활을 정년퇴직하신 후에 미국으로 유학을 가서 신학을 하시고 목사님이 되시어 서울 신월동에 교회를 개척하시어서 늦게나마 부모님의 서원을 이루어 드렸습니다.)

이렇게 하여 교회를 짓기 시작하였습니다.

이러한 일련의 사건들을 나의 간증으로 듣게 된 성도님들은 더욱더 힘을 내었고 교회를 짓는 일에 착수 하였습니다. 건축에 대하여 모르는 나는 건물이 그냥 세워지는 줄 알았습니다.

건축은 종합예술이라고 하더라구요.

먼저 설계도를 만들어야 하는데, 당시에 설계도를 구하는 데만 150만원이 넘게 들었습니다. 교회를 짓는데 쓰여야 할 비용이 전혀 없는 것입니다.

장로님한테서 받은 돈이 설계도를 구하는데 다 소비된 것입니다.

그래서 할 수없이 제가 세 들어 살고 있는 주인에게 찾아가서 사정 이야기를 하였습니다. 그러자 주인은 선 듯 전세금을 선불하여 주었고, 그 돈으로 교회 짓는 일을 시작할 수 있었습니다.

그 후에 바닥을 시멘트로 다지고, 블록으로 벽을 쌓고, 지붕 올리고....등등
건축비는 고사하고, 대지 계약금 잔금, 대지 잔금 등 이 모든 금액이 어찌 마련되었는지 ....솔직히 말씀드려 전혀 모르겠습니다. 다만 하나님이 채워 주시었음을 고백드리지 않을 수 없습니다.

이렇게 하여 교회가 세워졌습니다.
바람이 불면 날아갈 듯이 블록으로 새워진 성전이었지만은 우리로서는 대궐보다 더 아름다웠습니다.

성전 45평 정도, 그리고 성전에 이어서 붙여지은 사택 7평정도의 건물이 세워진 것입니다. 성전에 처음 예배드리는 날의 기쁨과 희열을 무엇으로 표현할 수 있을까요?

성전에 완성한 후 3년 정도가 되어, 그리 길지 않는 기간에 모든 채무를 다 갚도록 하나님은 축복하여 주신 것입니다. 하나님께서 물 붓듯이 채워 주시었습니다.

이렇게 하여 세워진 교회가 바로 제가 은퇴하기까지 섬겨온 교회로서 현재 경기도 시흥시 장곡동에 소재하여 있는 시온성 장로 교회

의 전신인 것입니다.

바라기는 주께서 친히 이르시기를 "나의 집(성전)을 돈으로 짓는 줄 아느냐? 내가 세우느니라"하시었으니 하나님의 거룩한 성전을 돈으로 계산하여 이득을 취하려는 망령된 일이 없기를 바라며, 하나님이 친히 세우신 주의 성전이 영원이 지속되기를 기도합니다.

[당부의 드리고 싶은 말]
목회의 길을 가고자 신학을 하는 예비 목사님들에게,
그리고 이제 막 목회를 시작한 목사님들에게 권하고 싶은 말이 있습니다.

크든 작든 당신의 눈물과 기도로 이 땅에 교회가 세워지는 희열과 영광을 맛보시기 바랍니다. 하나님의 영광을 위한 주의 전을 세우시기 바랍니다.

하나님의 마음에 들기에 다윗을 통하여 당신의 뜻을 이루시겠다고 말씀하신 하나님은 그러나 정작 당신의 거룩한 성전을 세우는 일에는 다윗의 손으로 세우기를 허락하지 않았습니다. 다윗의 손은 피묻은 손이기에 그렇다 하시고 그 아들 솔로몬을 통하여 성전을 세우신 것입니다.

이런 거룩한 성전 세우는 일에 당신이 친히 쓰임을 받는다면 얼마나 영광스럽겠습니까?

타인이 이루어 놓은 교회에 들어가 편안한 목회를 꿈꾸신다면 자랑스러운 일도 아니며, 이러한 것이 복이라는 개념을 과감히 버려야 할 것입니다.

어느 때인가 이 땅에서 벌어진 일입니다.
무엇인고 하니 어느 여론조사에서 결혼 순위에서 1순위로 목사가 등장한 적이 있었습니다. 이런 결과는 참으로 비참한 일이라는 생각이 듭니다. 이것이 나만의 생각일까요?
어찌하여 이런 일이 일어났나요? 교회가 부요해지기 시작하면서 부터입니다.
목회가 주를 위한 고난의 자리요, 헌신의 자리요, 희생의 자리요, 한 영혼구원을 위한 눈물의 자리라는 인식이 있었다면, 과연 이런 일을 행하기 위하여 나선 목회자가 결혼 순위에서 1순위라는 엄청난 결과가 일어날 수 있었을까요?
목회생활에 있어서 평안하고 안일을 꿈꾸는 결과가 아닐까 생각합니다.

하나님의 부르심을 받은 목회자들이여!
용기를 내십시오. 자존감을 세우시기 바랍니다.

모든 것이 갖추어진 기성교회에 가서 평안한 목회 생활을 꿈꾸지 마세요.

하나님은 당신을 통하여 이 땅위에 주님의 교회를 세우시기를 기뻐하십니다.

이로 인하여 하나님은 영광을 거두실 것이요, 당신은 하나님의 부르심을 받은 진정한 목회자로서의 참 보람을 느끼게 될 것입니다.

간증 5
상장과 상품

어느날 잠에서 깨어나자 집사람이 하는 말
"여보, 왜 잠을 자면서 눈물을 흘리었어요?" 하고 묻는 것입니다.
그리고 보니 내가 베고 자던 베개가 눈물에 젖어 있었습니다. 아내의 물음에 저는 내가 흘린 눈물은 감격과 감사의 눈물이었다고 대답하고 꿈에서 본 이야기를 들려 주었습니다.

"지난 밤 내 꿈에 내가 어디를 갔는데 어느 커다란 건물이었어요. 그 건물에 들어선 나는 우선 그 건물의 웅장함에 놀랐어요.
그 커다란 건물의 이 곳 저 곳을 살펴보고 난 후에 지하실로 내려가게 되었는데, 놀라운 것은 그 커다란 건물의 드넓은 지하실에는 바닥에서 천장까지 가득히 물건이 쌓여 있는 것이었어요. 무슨 물건이 이렇게 쌓여있을까 하고 쌓여있는 물건들 중에 하나를 꺼내 보았는데, 놀라운 것은 그것이 바로 상품과 그 상품위에 놓인 상장이었다오. 또 다른 것을 꺼내어 펼쳐 보았어요. 그것도 역시 상품과 상장이었어요. 다음 것도, 다음 것도, 다음 것도....“

기가 막혔습니다.
이 넓은 지하실에 상장과 상품이 이렇게 가득 쌓여 있다니?
이 많은 상장과 상품은 도대체 무엇일까?
누가 누구를 위하여 쌓아 놓은 것일까? 하고 마음에 의혹을 품는 순간, 깨달음이 왔습니다.

어떤 깨달음인고 하니 부모가 자녀를 위하여 쌓아 놓은 상장과 상품이라는 깨달음입니다. 그와 동시에 아! 부모님들이 주를 위하여 헌신하고 봉사한 것들과 그리고 자녀를 위한 눈물의 기도는 자녀를 위한 상장과 상품으로 쌓여지는구나. 부모님들의 자녀를 위한 눈물의 기도와 탄원은 하나도 헛되지 않아 하나님 앞에서 상장과 상품으로 쌓여지고 이것이 자녀들의 축복이었구나 하는 깨달음이었습니다.

그리고 자녀들이 그의 일생에 그 상장과 상품을 하나씩 하나씩 꺼내어 사용하는구나 하는 깨달음이 왔습니다.

여기까지 생각이 미치지 눈물이 하염없이 쏟아지는 것입니다.

지금까지 저는 내가 목회를 잘하고 은혜가 있어서 교회도 순조로이 건축하고, 모든 일에 있어서 나의 목회가 평탄한 줄 알았습니다. 그러나 그것이 아니라 부모님들의 눈물의 기도와 주를 위한 헌신에 힘입은 것이라는 사실을 깨달았고, 그 상품과 상장을 하나 하나 꺼내어 내가 사용하고 있구나 하고 깨닫는 순간 하염없는 눈물을 흘린 것입니다."

[부모님들의 자녀를 위한 기도]

여기서 저의 부모님들에 관하여 말씀을 드리지 않을 수 없습니다. 저의 부모님 되시는 김진호 목사와 박현순 사모님에 대하여 말씀드리지 않을 수 없습니다. 목회를 하시며 어려우신 중에도 자녀들을 모두 대학을 마치도록 하시었습니다. 이는 자녀를 위한 기도의 승리였습니다. 당시의 목회자들의 생활의 어려움을 아시는 분들은 저의 말을 이해하리라 믿습니다.

제가 신학을 하지 않겠다고 극구 반대한 여러 이유들 중의 하나가 바로 이것일 것입니다. 제가 아직 어릴 때입니다. 살을 에우는 듯한 추운 겨울, 한 밤중에 불기라고는 전혀 없는 차가운 교회 마루 바닥에 엎드려 밤이 맞도록 기도하시는 부모님의 모습을 교회 유리창 너머로 바라보면서 "정말 목회는 저렇게 하여야 하나? 얼마나 힘드실까?" 하는 어린 가슴에 차가움으로 다가왔던 것입니다. 이렇게 평생을 기도로 사신 분이십니다.

사실 이러한 기도가 있었기에 어려움 중에서도 목회를 하시었고, 주의 사역을 감당하시었고, 저희들을 이렇게 길러 주신 것입니다. 이렇게 많은 기도로 승리하시었기에 큰 은사도 받으신 분들입니다. 그러기에 여러 곳에서 많은 성도들이 안수기도와 예언기도를 받고자 찾아오기도 하였습니다.

한번은 어느 교회의 성도님이 부모님을 찾아오시어 제안하시기를 "나에게 임야가 있는데 제가 임야를 등기해 드리겠습니다. 기도로 사시는 분이시니 기도원을 세우시었으면 좋겠습니다."하였답니다. 그때에 저희 부모님은 "감사합니다만은 저희는 목회에 전념하고자 합니다."하고 정중하게 거절하였다고 말씀하시었습니다.

이렇게 평생을 기도로 승리하신 부모님들의 교회를 향한 헌신과 눈물의 기도가 오늘날 자녀들을 위한 상장과 상품으로 쌓여진 것입니다.

또한 감사하는 것은 저희 장모님되시는 김금례권사님 역시 기도하시는 분이요, 말씀으로 사신 분이십니다. 예수를 믿고 구원받은 이후로는 "오직 예수"의 믿음으로 사신 분이시며, 평생을 기도로 사신 분이십니다.

십자가를 지고 넘어지며 쓰러지며 골고다의 길을 가시는 예수님을 눈물로 따르는 예루살렘의 여인들을 바라보시며 그들을 향하여 예수님은 이렇게 말씀하시었습니다.

"예루살렘의 딸들아!
나를 위하여 울지 말고 너희와 너희 자녀를 위하여 울라."

(누가복음 23장 28절)

하나님께서는 아브라함에게 이르시기를 하갈과 그 아들 이스마엘을 네 집에서 쫓아내라 하시었습니다. 아브라함의 집에서 버림받고 쫓겨난 하갈은 아들 이스마엘을 데리고 브엘세바 광야에서 방황하다가 가지고 있던 떡과 물이 떨어지가 아이를 내려 놓고, 아이를 위하여 울었습니다. 하갈의 울음소리를 들으시고 하나님은 사자를 보내어 이르시기를 하나님이 "아이의 소리" 들으시었느니라 하시었습니다. 이어 하갈의 눈을 밝혀 샘물을 보게 하시고 그들에게 생명의 길을 허락하신 것입니다.(창 21:12~19)

여기서 우리가 유의하여야 할 말씀은 어미 하갈의 자녀를 위하여 우는 울음소리로 들으신 하나님은 그 울음소리로 인하여 "그 아이 이스마엘의 소리"를 들으셨다는 것입니다. 이같이 자녀를 위한 부모의 눈물의 기도는 하나님으로 하여금 자녀의 소리(기도)를 들으시게 하는 것입니다.

부모된 여러분,

자녀를 사랑하시나요? 자녀를 사랑하지 않는 부모가 어디 있겠습니까?

진정으로 자녀를 사랑한다면 자녀를 위한 기도를 쉬지 마세요.

자녀의 기도소리를 하나님이 들으시고 응답하시기를 원하시나요? 자녀를 위한 부모님들의 기도가 있다면 하나님은 부모님들의 기도를 보시고 자녀들의 기도에 귀를 기울이신다는 말입니다.

이러한 부모님들의 자녀를 위한 기도가 자녀들 앞에 상장과 상품으로 쌓이어 자녀들의 삶에 복이 된다는 이 한 가지를 잊지 마시기 바랍니다.

자녀를 위하여 수많은 물질적인 유산을 남겨 놓으시는 것보다 도적이 구멍을 뚫을 수 없는 하나님을 향한 헌신과 기도의 유산을 남겨주시는 지혜로운 부모님들이 되시기를 부탁드립니다.

새롭게 본 창세기

초판 인쇄 2022년 6월 7일
초판 발행 2022년 6월 13일

지은이. 김세광
발행처. 길과진리
등 록. 2022년 2월 16일 제 2022-07호
디자인. WADI
주 소. 서울 서대문구 독립문로 8길 54
전 화. 010-8884-9615
ISBN. 979-11-978763-0-1 03230

값 18,000원